Didier Tronchet

Petit éloge de mon chien

Éditions Les Pérégrines

Récits et romans du même auteur

Petit éloge de la chanson française, Les Pérégrines, 2022

Les Fantômes de Séville, La Fosse aux ours, 2022

Robinsons père & fils, Elytis, 2017

L'univers à peu près. Petit imprécis de culture approximative, Les Échappés, 2016

Vertiges de Quito, La Table Ronde, 2012

Le Fils du yéti, Flammarion, 2011

Football, mon amour, J'ai lu, 2010

Nous deux moins toi. Petit précis de rupture amoureuse, Flammarion, 2007 ; J'ai lu, 2009

Journal intime d'un bébé formidable, Flammarion, 2006

Ton père, ce héros, Flammarion, 2006

Petit traité de vélosophie, Plon, 2000

Contact : www.tronchet.com

Ça fait longtemps
Que j'ai pas eu des poils partout
Un gros museau qui vient baver
Sur mes genoux

Je veux un chien, Alexis HK

J'aurais voulu

J'aurais voulu courir à perdre haleine, tout nu, sans souci de la bienséance. J'aurais voulu dévorer la vie et mes repas à pleines dents, d'une traite. M'endormir sur-le-champ et me réveiller toujours de bonne humeur, être heureux de sortir, heureux de rentrer, ne rien savoir de l'avenir, négliger le passé, ne pas avoir peur de la mort. J'aurais aimé jouer pendant des heures avec un bâton, renverser mes amis dans l'herbe en leur mordillant le cou sans qu'ils en prennent ombrage, déféquer partout dès que l'envie se présente, ne jamais rien redouter du jugement des autres, ne rien soupçonner chez eux, accueillir les nouvelles têtes avec joie, et celles que je connais déjà de tout mon enthousiasme. J'aurais voulu être fidèle jusqu'à la mort, interrompre sans excuse une relation, la reprendre sans raison, ne jamais me plaindre, ne rien expliquer. Qu'on ne me prête pas de mauvaises pensées, qu'on m'aime pour ce que je suis et qui s'offre au regard de tous, sans dissimulation, sans calculs, qu'on lise en permanence dans mes yeux cet amour infini auquel rien ne fait obstacle.

La meilleure version de moi-même, c'est mon chien.

Nos beaux débuts

Cette épreuve de te choisir… Décider que le compagnon de ma vie sera celui-ci et pas celui-là, c'est trop lourd. J'ai toujours préféré le hasard, l'idée que la vie met sur mon chemin le chien qui me conviendra – et à qui je conviendrai. C'est ainsi qu'il y a longtemps une griffonne bâtarde toute noire et bouclée est montée dans ma voiture par la portière restée ouverte et s'est lovée au pied du siège passager. Quand un chien vous choisit, il vaut mieux s'incliner. Zazie aura vécu quatorze ans avec nous.

Cette fois, c'est différent. Nous sommes chez un éleveur de golden retrievers. Moi, l'ami des bâtards et des corniauds, je suis tombé amoureux des chiens de ta race. J'ai craqué. Pourquoi ? Toby, ton prédécesseur auprès de nous, ressemblait étonnamment à un golden, bien que croisé labrador et border collie. Il est mort trop tôt et j'ai eu une peine infinie à faire le deuil de son long museau, de son poil blanc, de sa silhouette gracieuse. Je ne voulais plus d'autre chien.

Quand il s'est avéré au bout de quelques mois que je ne pouvais pas vivre sans ton espèce, j'ai voulu retrouver Toby à travers toi. Voilà, je te l'ai dit. Heureusement, ton état bienheureux de chien te met à l'abri des projections que je fais, des attentes, des espoirs que je place en toi… Tu n'en as pas conscience.

Au moment où nous nous rencontrons, tu n'es d'ailleurs pas conscient de grand-chose. Tu n'es qu'une boule de poils maladroite qui glisse et tombe au sol dans les flaques de pipi, qui mordille ses frères et sœurs. Je ne sais pas lequel tu seras, parmi cette portée, c'est bien là ma difficulté. Vous êtes tous formidablement drôles et émouvants. Comment pourrais-je désigner l'un de vous comme mon chien, au nom de quoi, d'une sorte d'instinct ? Je n'en ai aucun sur ce coup. Je suis paralysé, incapable de dire : « Toi, tu seras mon ami pour la vie. »

Alors je t'ai laissé me choisir. Je me suis allongé au sol, de tout mon long, au milieu de cette petite meute gesticulante. Et j'ai attendu. Tes congénères ont tourné autour de moi, très affairés, me considérant puis m'ignorant. Toi, tu t'es accroché à ma jambe. Tu as réussi à te hisser sur mon genou. Puis tu es remonté jusqu'à ma tête avec, peut-être, l'intuition que c'est là-haut que ça se passe chez les humains. Parvenu à mon visage, tu l'as reniflé de ta petite truffe humide, comme si tu vérifiais la marchandise. Et tu m'as fait une léchouille sur la joue, avec ta minuscule langue. J'ai pensé : merci. Merci de m'avoir choisi. Très honoré. Je suis l'heureux élu. Tope là.

Je n'ai pas pu t'emmener tout de suite car il fallait attendre que tu aies deux mois, que tu sois sevré. Mais tu portais un petit collier vert qui nous reliait l'un à l'autre malgré la distance. Ces quelques semaines d'attente ont agi un peu comme une grossesse. Un temps nécessaire à la maturation, pour laisser croître l'idée d'un jour vivre ensemble. Tu n'as pas fait irruption. Tu nous as laissés te désirer.

Tout ce temps, je me suis demandé si je serais à la hauteur. Si j'aurais encore la patience de tout reprendre à zéro, de t'élever, de t'apprendre, mais aussi d'apprendre de toi. D'avoir peur pour toi. Si j'aurais le courage de ramasser tes crottes, de te sortir quatre fois par jour. Ah oui, je ne t'ai pas dit… On habite au sixième étage. Sans ascenseur.

Présente, aussi, la possible déception que tu ne sois pas l'autre, que tu n'aies pas les qualités qui me mettaient en joie, que tu pâtisses de la comparaison avec ton prédécesseur forcément idéalisé. Bref, le travail habituel du mental chez les humains, tu apprendras à le connaître. Anticipations, doutes, angoisses fabriquées de toutes pièces. J'ai hâte que tu me réapprennes, toi, la simplicité de la pensée chienne, qui ramène à l'essentiel : « Tout est là, tout est bien. »

*

Enfin, c'est le grand jour. L'élevage est à une heure de route de chez nous. Une heure d'attente, la dernière. Nous revoilà en vue de cette grande ferme nichée dans une vallée de l'Isère. Les aboiements nous parviennent déjà. Dans cette enceinte, il y a toi, Biloo. Oui, je sais, c'est l'année des O. Mais je n'ai trouvé aucun nom en O. À dire vrai, je n'ai pas cherché longtemps, je n'aime pas cette idée de conformer le nom de mon chien à une règle quelconque sous prétexte qu'il est de race pure. Au passage, je déteste aussi cette notion de race pure. J'aime que l'animal ait encore en lui de la bête sauvage, du savant mélange qui échappe à la loi des hommes.

Pour l'état civil canin, tu seras déclaré sous le nom fictif de « O'Biloo ». Pas d'ennui avec l'administration. Pourquoi Biloo ? Deux syllabes joyeuses qui rebondissent comme des balles, enfantines et primesautières. Il ne m'en faut pas plus. De surcroît, une sonorité facile à identifier pour ton oreille de chien. Je ricane des noms qu'ont attribués les autres propriétaires de la portée : O'Flanagan, O'Malley… Pauvres bêtes qui devront discerner cette bouillie de sons dans un flot de paroles. Et sur qui pèsera une certaine ambition aristocratique.

Nous revoilà donc. Tu nous reconnais ? Le grand gaillard sur qui tu as marché sans vergogne et son éternelle fiancée, Anne, à la longue chevelure de feu ? L'idée de la ferme d'élevage, c'est elle. Je peux te le dire maintenant : tu es son cadeau pour moi. Bon, tu t'en fous, je sais. Tant mieux, il y aura moins de pression.

Tu ne nous reconnais pas, mais nous accueilles avec ton petit bout de queue qui remue, comme tu le ferais avec le monde entier. C'est ce qui me plaît déjà chez toi. Tu aimes d'abord et tu vois ensuite à qui tu as affaire. Chez nous, les humains, c'est l'inverse – et sans garantie d'aimer ensuite, loin de là.

C'est l'heure de ta première épreuve : la voiture. On nous a prévenus que ce ne serait pas facile. On vient de t'arracher au seul univers qui t'était familier : une petite cour au sol de terre battue, l'amour d'une mère, la compagnie des frangins et frangines, et de quoi manger tous les jours. Que vouloir de plus ? Tu n'imaginais évidemment pas que ton petit monde pouvait être entouré d'un univers encore plus grand, qu'il y avait une suite au-delà des murs. De toute façon, tu n'imagines pas, point final. Il faut bien que je me remette ça dans la tête.

En revanche, tu te poses des questions, ça oui, les deux bouts d'oreilles levés et les sourcils circonflexes. Qu'est-ce que c'est que cette niche de tôle ambulante ? Quel est cet espace infini qui défile par la fenêtre ? Tout est si nouveau pour toi, trop nouveau même. Tu gémis.

Anne te console, te place contre son cou, ça te rassure un peu – le contact animal et chaud, tu connais. Moi, je conduis à 20 kilomètres-heure pour t'éviter les secousses et ralentir le défilé de paysages trop rapide pour ta rétine de chiot… mais tu vomis malgré tout. Panique à bord, débauche de Sopalin. On ne t'en veut pas une seconde, tu penses bien. On est juste inquiets, en totale empathie. Quand tu finis par t'endormir tout doucement sur les genoux d'Anne, on soupire à l'unisson. Et je passe à la vitesse supérieure – sinon, c'était parti pour dix heures de route.

*

Dans mon passé d'adopteur de chien, j'ai vécu des premières nuits difficiles. Galopin avait hurlé à la mort, sans arrêt. On m'avait dit de laisser faire : il fallait qu'il s'habitue. C'est moi qui ne me suis pas habitué… La chienne Loona, en plus de gémir continuellement et de gratter, avait tenté, chaque nuit, de sauter par-dessus la barrière. Et y était parvenue plusieurs fois. Mauvais souvenirs de nuits blanches.

C'est pourquoi, au premier soir avec toi, j'avais une certaine appréhension. On t'avait préparé un petit coussin. Tu nous as regardés disparaître par la porte, avec nos mains qui s'agitaient exagérément et nos sourires forcés. Puis tu es allé te coucher ailleurs, où tu voulais, comme tu le ferais par la suite, négligeant toujours les petits conforts imaginés pour toi. Et tu as dormi d'une traite, sans protestation, sans aboiements déchirants. Tranquille.

Au petit matin, j'en étais sûr : je t'aimerais !

Les premières fois

C'était à l'arrivée des beaux jours. Nous avons préféré t'accueillir dans la maison de campagne, en Ardèche, plutôt qu'en plein cœur de Lyon. Tu as pointé le museau dehors. Autour de la maison, une petite clairière, un peu plus loin, les arbres, des sapins. Mais tu ne vois pas si loin. Ce qui te frappe, c'est l'immensité. Où que tu coures, rien ne t'arrête. Tu ne t'aventures pourtant jamais trop loin, restant dans les parages de ces grands humains, plutôt sympas à première vue. Et puis, ils répondent à ton désir le plus cher, après celui de manger : jouer ! Tu te payes quelques moments de folie à galoper en rond à l'assaut de ces mains qui se tendent vers toi. Ça y est, tu nous as adoptés.

*

Je me souviens des premiers jours avec Toby. Il était plus grand que toi quand nous l'avons recueilli, presque adulte déjà. Mais il avait peur de moi. Et de moi seulement. Quelle injustice ! Il se recroquevillait quand je venais vers lui, courbait l'échine en me jetant par en dessous des regards craintifs, avant de s'éloigner sur la pointe des pattes. J'ai cru qu'il ne voulait pas de moi. Est-ce qu'un homme de ma stature l'avait maltraité ?

J'ai dû faire sa conquête, patiemment. Adoucir chacun de mes gestes, et ma voix. Être celui qui le nourrit, régulièrement. Je l'appelais parfois à me rejoindre pour une balade. Mais toujours il conservait sa défiance. J'en étais profondément meurtri. Fallait-il que je me fasse à l'idée que ce serait le chien des autres, d'Anne, d'Antoine, notre fils, avec lesquels tout était joyeux ? Et puis, un jour où je répétais mon invitation, « Toby ? On va se promener ? », il m'a jaugé quelques secondes avant de marcher vers moi, prudemment. Et quand je me suis mis en chemin, simulant l'indifférence, il a bondi autour de mes jambes. C'était parti pour une longue amitié, à laquelle ces débuts difficiles, ce temps de latence, avaient donné une saveur toute particulière.

*

J'observe tes premières fois avec gourmandise. Ta première pluie : d'où viennent ces contacts humides et réitérés ? Ce picotement subtil, dérangeant mais doux, le pelage faisant office d'amortisseur. Finalement, tu t'y fais très bien et, comme pour tout, ça t'amuse. Tu n'es pas équipé pour t'interroger sur l'origine d'un phénomène ou de sa dangerosité. Tu prends ça comme ça vient, avec une indécrottable confiance. Tu ne questionnes pas le monde, tu l'acceptes comme il est. Jusqu'ici, ça t'a pas mal réussi.

*

Ta première fois avec d'autres animaux. Tu as vu les vaches de loin. Tu as déjà la notion des distances, car tu aurais pu penser qu'elles étaient petites, depuis l'endroit où nous étions. Question d'échelle. Mais non tu as subodoré quelque chose d'énorme. En t'approchant avec une prudence de Sioux, tu as émis quelques jappements de protestation contre cette disproportion. Elles, elles t'ont considéré avec un mépris souverain. À deux mètres de l'enclos, tu as pris une photo mentale du phénomène, pour ne plus être aussi surpris la prochaine fois. Pourtant, à la deuxième rencontre, il y eut encore un peu d'étonnement face à l'énormité. Moi qui affirmais que tu ne questionnais pas le monde, là je te surprends au pied des vaches à de te demander : « Pourquoi ça ? »

Peu de temps après, nous voici au safari de Peaugres, un zoo en Ardèche où l'on circule en voiture au milieu des animaux en liberté. Alors que la Création se résumait pour toi à tes semblables, version chiot ou adulte, et à un ou deux humains, te voilà confronté à l'indicible : des ours bruns, un troupeau de zèbres, deux rhinocéros, un éléphant, trois girafes... Je t'observe, assis sur les fesses, contemplant depuis la banquette arrière ce bestiaire insolite qui t'offre une variété folle de physionomies en un seul instant. Après le passage d'autruches, nous nous retrouvons cernés par un troupeau de gnous, qui frôlent la voiture de part et d'autre. Tu les regardes avec intérêt, certes, mais pas plus que ça. Rien de fracassant. Désormais, tu admets le réel dans toute sa complexité, sans en faire un sujet. Tu acceptes son irruption insolite en évitant les surinterprétations, peurs ou étonnements. Un dinosaure ne provoquerait aucune suspicion, pas plus qu'une tribu de cosmonautes bondissant en apesanteur autour de la voiture. Tu n'entres pas dans une forme de classement entre l'acceptable et l'inadmissible, le possible et le douteux. Tu prends le monde comme il vient. (Cela dit, tu n'as pas vraiment le choix.)

*

Une seule chose te surprend, mais il faut avouer que Dame Nature a mis le paquet : la neige. Soudain le paysage d'hier est devenu entièrement blanc ! Et quand tu t'y précipites, tu t'enfonces comme dans de la mousse, tes coussinets s'en trouvent glacés… Tu te mets à courir en rond comme un fou dans des gerbes blanches. Tombant du ciel, d'étranges particules tournoient et se balancent dans l'air, te chatouillant le museau. Tu bondis et cherches à les attraper dans ta gueule. La neige, c'est le décor qui veut bien jouer avec toi.

*

Première séparation. Pour une histoire de voyage, je dois t'abandonner quelques jours. Comme nous le faisions avec Toby, je te confie à Lionel. Un lien s'était d'ailleurs créé entre Toby et lui, qui ne me laissait pas indifférent. Un jour, nous avions croisé Lionel dans la rue, Toby lui avait fait une énorme fête, puis avait continué son chemin avec lui, sans plus d'égard pour moi. Lionel avait bien ri, moi moins.

Je prends donc de nouveau le risque d'une infidélité canine. À peine rentré de voyage, coup de fil de Lionel qui m'annonce votre arrivée imminente et, en un quart d'heure, tu es devant la maison. Je comprends que pour Lionel cette semaine a été un enfer. Un salon dévasté, une tarte aux pommes complète avalée, des fils électriques rongés et, surtout, le jardin devenu un véritable chantier de fouilles archéologiques. Quant à la chèvre que tu as cru bon de poursuivre dans le champ d'à côté, elle est morte deux jours plus tard. Lionel n'est pas près de te reprendre en pension. Bien sûr, j'en suis infiniment désolé. Mais au moins, c'est un coup d'arrêt à votre possible romance.

*

Léonard, notre petit-fils, est à la maison de campagne pour une semaine. C'est la première fois. On est un peu crispés, car on souhaite que le séjour lui plaise et qu'il veuille revenir. Or tu lui fais peur avec ta masse musculaire et tes dix-huit kilos. C'est que tu as bien grandi et, quand tu te lèves sur les pattes arrière, c'est impressionnant pour un enfant de quatre ans. On te tient à distance. Mais toi, incorrigible joueur, tu tentes quand même le coup avec cet étrange petit personnage, et tu sautes sur lui, hors de notre vue, pour mesurer sa réponse à la proposition de jeu. Léonard évidemment hurle de terreur, croyant à une attaque de fauve. Je surprends la scène, Léonard au sol en larmes et toi qui gambades joyeusement autour. Mon sang ne fait qu'un tour et je te punis plus que sévèrement. De la voix bien sûr, mais aussi, pour la première fois, d'un coup de pied aux fesses, dont la brutalité me surprend moi-même.

Tu t'éloignes penaud, conscient de la transgression : on ne touche pas au petit homme, OK. Mais quand même, tu es surpris de ma réaction disproportionnée. Qui est ce maître dont l'attitude peut changer du tout au tout ? Moi, je regrette instantanément. L'injustice est patente. C'était de ta part une tentative d'approche, maladroite tout au plus. Ma crainte que ça déplaise à Léonard a eu raison de ma douceur habituelle. Léonard, lui, est gêné d'être à l'origine de ce déferlement de violence et me regarde avec circonspection. Il prendrait presque le parti de l'animal contre le bourreau. J'ai gagné sur toute la ligne !

*

Léonard veut te faire ouvrir la gueule et, sur le modèle de ce qu'il connaît chez le docteur, il te dit : « Fais aaaaah… »

*

De jour en jour, je découvre quelques-uns de tes plaisirs raffinés :

Faire des trous. Envoyer voleter la terre et aménager un espace inédit sous la surface du monde. Par la seule puissance de tes pattes auxquelles rien ne résiste. Laisser ton empreinte sur cette planète.

Mieux encore : y déposer un os, ou autre objet précieux. Capitaliser pour l'avenir.

Courir dans une rivière basse, parmi les gerbes d'eau. L'eau, cette surface fascinante qui ne peut que fléchir sous tes assauts et s'éparpille en gouttelettes sous tes coussinets vainqueurs. Tu aimes aussi le bruit que ça fait.

Le délice suprême : déchiqueter un sac-poubelle et répandre son contenu sur un kilomètre à la ronde. C'est qu'il contient des trésors ! Formidables emballages, épluchures diverses, papiers craquant sous la dent… Des heures de divertissement garanties, s'il n'y avait l'autre rabat-joie (moi) que cet étalage fait hurler pour une raison incompréhensible. Mais c'est quoi ses jeux à lui ? Est-ce qu'il joue, d'abord ? Il a une vie ?

*

Tu n'es pas hyper démonstratif dans tes accueils. J'en ai vu, des chiens, devenir quasiment fous au retour de leur maître, même après une heure, une seule heure d'absence, gesticuler, tourner en rond, aboyer frénétiquement et même faire pipi. Toi, quand on se voit le matin (huit heures de séparation quand même !), tu viens vers moi en remuant la queue raisonnablement, fourres ta tête entre mes genoux pour te faire flatter l'encolure. Et c'est bon. Si je passe mon chemin en te saluant à peine, tu n'en prends pas ombrage, te recouches en attendant que je sois disponible à l'échange.

Au début, ça me vexait un peu, ce manque d'enthousiasme. Mes autres chiens m'accueillaient avec un frétillement plus expressif. Ta placidité me décontenançait. Mais j'y ai vite vu une forme de sagesse, une distance gardée vis-à-vis des débordements émotionnels possiblement surjoués. Tu as raison, l'amour sincère ne réclame pas tant de démonstrations. Ton regard clair et joyeux me l'offre plus subtilement.

Tu n'es pas non plus le chien des vigoureux coups de langue. Toby s'en était fait une spécialité. Un instant d'inattention à portée de langue, et on se prenait une énorme lèche sur tout le visage, au minimum la bouche, son objectif prioritaire. Il faut vraiment aimer son chien pour accepter cette intimité salivaire. Peu de gens peuvent subir ses assauts affectueux sans grimacer de dégoût.

Avec toi, si l'on se poste à deux millimètres de ta truffe, on peut espérer un timide bisou sur le nez. Et pour peu que l'on détourne le visage, tu rengaines la langue : « Oui, maître, je comprends, pardonnez cette privauté. Je la réserve au règne animal, promis. »

Et de fait, dans tes moments d'enthousiasme, tu ne te prives pas de barbouiller le pelage du chat Gaston s'il passe à portée de langue. Lequel gémit sa lassitude face à cet épanchement régulier. Aujourd'hui, je t'ai vu lui lécher les fesses, probablement signe de déférence absolue dans ton système de valeur. Mais Gaston, définitivement, n'a pas les mêmes critères. Il a bondi en crachant d'indignation. Là, mon vieux, je ne peux pas lui donner tort. Tu as dépassé les bornes, si tant est que cette expression ait un sens pour toi.

*

Ton premier voyage en train, chez mamie à Toulouse. Ça va prendre au moins cinq heures. Et cinq heures incluent obligatoirement une défécation – je commence à connaître tes cycles intimes. Je n'en mène pas large, car je ne sais pas comment réagirait tout un compartiment à la soudaine et puissante odeur, à la vision d'une matière fécale imprégnant durablement la moquette… J'imagine déjà les commentaires indignés, peut-être même l'émeute.

Fort heureusement, tu me fais une grosse bouse juste avant, dans le passage souterrain qui mène au train. Un moindre mal. Peut-être as-tu senti qu'il fallait se délester avant le voyage ? Tout le monde s'écarte de moi, qui ramasse ton offrande avec un sachet plastique, sans commentaires.

Au retour, tu me refais ton cacou préventif avant de monter dans le train, toujours dans un couloir de la gare. As-tu déjà une sorte de prescience des catastrophes ? J'aimerais bien.

*

Tu cours dans l'herbe, te vautres sur le dos en agitant les pattes, rebondis et cours encore sous le soleil. L'air est doux, la nature exulte, tu t'en goberges sans limites. Pour toi, désormais, la vie c'est ça. Tu crois que l'été va durer toujours. Il n'y a que moi pour savoir le retour prochain des frimas, le vent glacé, les promenades écourtées au bout d'une laisse, sur le sol goudronné de la ville. Et l'anticiper, le déplorer pour toi. Moi seul ai cette capacité de mettre de la tristesse dans la joie, du futur dans le présent. Le pouvoir de gâcher.

Toi, tu ignores le sens des mots « futur » et « gâcher ». Tu théorises l'éternel présent du bout de tes pattes, sans recours à la rhétorique. Et quand l'hiver sera venu, tu seras incapable de le « déplorer », tout aussi ignorant du passé que de l'avenir. Tu ne sais qu'une chose : à l'instant où ça se passe, tout est bien.

*

À présent, il me semble que tu sais bien qui est qui à la maison. Anne, ta maîtresse, Antoine, ton grand frère, et moi, ton seul maître après Dieu. Mais que se présentent des inconnus, et tu leur fais la fête sans aucun scrupule. Je fulmine de te voir dispenser autant d'amour à ces gens de passage ! Ce n'est pourtant pas eux qui te sortent en laisse trois ou quatre fois par jour, même les matins pluvieux, qui te nourrissent de croquettes hyper chères, qui ramassent tes crottes, qui font la queue chez le vétérinaire et en repartent avec une note exorbitante… Je te demande juste de hiérarchiser tes enthousiasmes. C'est compliqué, ça ?

*

On longe un muret qui te masque la vue. Au bout d'un moment, tu te dresses et poses les pattes dessus, petit regard droite-gauche, et on continue. J'y vois une forme de curiosité de la vie assez révélatrice de ta personnalité. Qu'y a-t-il derrière ce mur ? Voilà une question qui t'a titillé. Un autre chien aurait peut-être poursuivi son chemin sans jamais ressentir ce besoin de connaissance. Tu n'es pas rassasié de nouveautés. Et ce n'est pas ce muret qui t'empêchera de découvrir le monde. Ta soif d'horizon est plus forte.

Sage dressage

Je t'apprends à reconnaître mon sifflement, qui reste le moyen de communiquer le plus efficace. Pour ce faire, je pose ta gamelle de croquettes et je siffle. Tu as vite fait le lien : sifflet = repas. Il faut te voir te dresser sur les pattes arrière, lever les oreilles à la quasi-verticale, chercher d'où provient ce sifflement prometteur puis, une fois repéré, foncer sur moi aux pieds de qui, immanquablement, surgit une source miraculeuse de croquettes. Je sais que j'ai placé pour toujours, dans un coin de ton cerveau, un genre de puce électronique, un stimuli-réflexe irrésistible. Une bienheureuse alarme. Même quand, plus tard, il n'y aura plus de croquettes au bout de la course, tu fileras vers l'origine de ce sifflement sans hésitation. Ce bruit unique sera pour toi comme l'ADN sonore de ton maître chéri, auquel tu ne chercheras jamais à te soustraire. (Pas mécontent de mon truc.)

*

Les vétérinaires sont formels : le chiot doit vivre le plus d'événements, de situations, d'émotions possibles avant l'âge de cinq mois. Ensuite, quelque chose en lui se referme aux expériences nouvelles et l'apprentissage de la vie dans le monde réel est plus difficile. Alors on a tout fait : promenades en ville parmi les bruits de circulation, voyages en bus, en train et même en métro. Rencontre de chiens de toutes sortes, amicaux, agressifs… Fréquentation de chats… Je crois que nous t'avons offert un bel échantillon de moments de vie, un extrait significatif d'humanité et de faune. Expériences diverses auxquelles ne manquera peut-être que le saut à l'élastique ou le parapente, que je pratique peu (pas, pour dire la vérité).

Tu as passé toutes ces épreuves avec brio. Toutes, sauf deux, pour lesquelles ta réticence est intacte.

Les escaliers mécaniques : il faut te voir arc-bouté à l'approche de ce monstre étrange qui avale et recrache des marches, à l'encontre de tout ce que tu sais des escaliers. Désolé, sans moi, sembles-tu dire.

Et la voiture, non, tu n'aimes toujours pas ça. Dès qu'une sortie en automobile se profile, tu vas te cacher à l'autre bout de l'appartement. Étranges différences entre les chiens : Toby adorait la voiture. À peine le mot était-il prononcé, qu'il filait attendre devant la portière. Ensuite, assis sur le siège arrière, il ne manquait rien du spectacle par la vitre. Avec le sentiment, apercevant ses congénères à l'extérieur, d'être plus qu'un chien. Un animal doué du super-pouvoir de la vitesse, sans même bouger les pattes. Il y avait aussi, dans cette passion pour la voiture, la fierté et la joie de venir avec nous. Non, on ne l'abandonnerait pas cette fois non plus, il ferait partie de l'aventure. Quand on ne l'emmenait pas, il regardait partir la voiture avec incompréhension et une infinie tristesse qui nous brisait le cœur.

Biloo, toi, lorsque je démarre sans t'embarquer, tu me regardes de loin disparaître, l'air de dire « Ouf, c'est bon ! Il m'a oublié », et tu t'en retournes vers la maison, cet univers stable.

*

Très tôt, j'ai veillé à ce que tu ne manges jamais en dehors des repas. Que personne ne te donne de petits bouts de ceci ou cela à grignoter sous prétexte de te faire plaisir – mais en réalité, surtout pour se faire bien voir, acheter ton amour à bon compte. Ces dons irraisonnés mettent le chien dans une situation inconfortable pour le reste de sa vie. S'il peut espérer glaner de la nourriture à tout instant, il se retrouve dans un état d'attente (souvent déçue) permanente, de désir continuel. Et aussi dans un rapport faussé avec les humains, dont il escompte toujours quelque chose. Cet intéressement, le profit possible, ce n'est pas ma conception de la relation avec un animal.

Et puis, ça fait des chiens qui mendient quand on passe à table. Et ça, par-dessus tout, non ! N'espère rien. Et remercie-moi de préserver ton honneur. Le résultat dépasse mes espérances. Tu as intégré l'idée jamais battue en brèche que manger, ça se fait à heures fixes, matin et soir, et dans ta gamelle exclusivement (sauf la tarte aux pommes chipée à Lionel, mais c'était un peu de sa faute, quelle idée de la laisser à porter de dents ?). Te voilà libre de la frustration et de l'addiction, équipé d'une horloge biologique réglée comme un coucou suisse.

Je n'avais pas aussi bien réussi mon coup avec Toby. Quand on se promenait sur les quais, il rendait visite à tous les groupes qui pique-niquaient, embarquant au passage des restes de pain, des chips et, une fois, un hamburger complet ! J'entendais les protestations de loin et faisais profil bas. Grâce à ton éducation alimentaire impeccable, je ne me fais plus d'ennemis : tu renifles à peine ce qui traîne, persuadé que l'avaler à cette heure-ci est parfaitement incongru.

Ce qui ne t'empêche pas d'expérimenter de temps à autre la culpabilité. Là, tu viens de fouiller dans le compost, ne dis pas le contraire, ton museau est encore tout barbouillé de tomates. Tu sais, bien sûr, que c'est interdit ; d'ailleurs, dès que tu m'aperçois, tu courbes l'échine et t'aplatis au sol, le regard par en dessous. La posture même du regret, de la contrition. J'ai envie de rigoler, mais il ne faut pas. Toute ma pédagogie en serait faussée. Il te faut des interdits intelligibles et des punitions justes. J'ignore si tu sais ce qu'est la justice, ce concept humain fluctuant, mais dans le doute j'essaie de l'appliquer avec discernement. Pour autant, c'est quand même bien que tu aies la culpabilité en magasin, a minima. Surtout que chez toi les dégâts en sont limités et temporaires, alors que chez nous elle fait des ravages.

*

On m'interpelle dans la rue : « C'est vous le maître ? Il est bien dressé votre chien ! » Je ne peux m'empêcher de « déconstruire » ce discours. Mon chien n'est pas dressé mais éduqué, primo, et, deuxio, j'apprends de lui plus que lui de moi. Ce n'est donc pas moi le maître, mais lui. Cette inversion désarçonne souvent mon interlocuteur, qui préfère s'éloigner prudemment. Nous nous quittons sur cette incompréhension. Mais toi tu me comprends, c'est l'essentiel.

*

Apprendre la propreté : une épreuve pour le chien, mais aussi pour le maître. Toi, tu as mis un peu de temps à saisir. Pourquoi cette réprimande soudaine, cette voix qui s'est durcie ? Jusqu'ici tout allait bien, tu étais au paradis. Tu ne peux pas en deviner la raison car il faut te prendre sur le fait. Pile au moment du pipi, une minute plus tard, c'est foutu, avec ta mémoire de poisson rouge, tu ne fais déjà plus le lien entre ce lâcher d'urine et la punition. La confusion vient aussi de ce que parfois on te punit, mais parfois – quand il n'y a pas eu de témoin du forfait –, non. Dans les deux cas, c'est un pipi, alors est-ce répréhensible ou pas ? Où est la logique dans cette histoire ?

Pour le maître, il s'agit de trouver la force d'être sévère vis-à-vis de cette adorable boule de poils, forcément innocente (les besoins sont naturels, comment t'en tenir rigueur ?). Et sans faillir jamais. C'est de la constance dans le *non* que viendront le salut et la possibilité de vivre ensemble. Par faiblesse ou dilettantisme, certains maîtres ne s'y tiennent pas. Le calvaire sera alors durable, et le désastre du pied nu dans la crotte, longtemps répété.

J'ai connu une maîtresse qui avait abdiqué par incapacité sentimentale de punir son chien. Elle s'est condamnée, chez elle, à nettoyer derrière son animal, à l'infini. J'ai le souvenir de son garage, qu'elle avait renoncé à entretenir, jonché de crottes séchées. Cette image m'a toujours aidé à trouver la ressource de gronder mes chiots successifs, malgré leurs petits airs angéliques.

*

Nous sommes chez ton vétérinaire de campagne, préoccupés par cette question : quand dois-tu te faire vacciner ? C'est une obligation annuelle, mais j'ai égaré ton carnet et l'ordinateur local n'a pas gardé trace de ta dernière piqûre. Peut-être que le vétérinaire de Lyon aura cette information ? Ton docteur des champs décide donc d'appeler ton docteur des villes. La secrétaire au bout du fil dérange ce dernier en pleine consultation, un branle-bas de combat se met en place à deux cents kilomètres d'ici...

Toi, lassé de ces atermoiements typiquement humains, tu as choisi de lâcher l'affaire et de te coucher. Tu laisses même s'échapper un long soupir, tandis qu'une armada se mobilise pour ménager ton destin : ne pas commettre l'impair d'un double vaccin, ni celui, tout aussi dommageable, de ne t'en administrer aucun.

Ça y est, l'ordinateur citadin crache sa vérité : l'injection a bien eu lieu quelques semaines auparavant, tout est en ordre. Chacun respire, raccroche, et la vie reprend son cours. Sans que, bien sûr, à aucun moment tu aies eu conscience de la formidable et interdépartementale chaîne de solidarité constituée pour Mister Truffe, Sa Majesté poilue. Je suis un peu gêné du dérangement mais toi, à te voir vautré au sol, tu as l'air de trouver ça normal – après tout, chez le vétérinaire, tu es toujours la vedette.

*

N'importe quel enfant, une fois sorti du cocon familial, apprend la différence entre amour et haine.

L'expérience de l'école lui révèle très vite ce qui est bon pour lui, ce qui est douloureux, les gens qu'il faut redouter, ceux qui l'entourent d'affection. Mais toi, tout le monde t'aime ! Il faut voir l'attendrissement que tu déchaînes dans la rue. C'est à qui te caressera le plus, voudra te saluer, jouer avec toi, un immense sourire aux lèvres. Ta perception de la vie est celle d'un univers foncièrement bienveillant dont tu n'as rien à craindre. Je ne peux même pas penser, comme je le ferais avec un enfant, que ça ne te prépare pas bien à l'avenir : ton avenir, ce sera ça ! Le seul désagrément provient parfois du maître (moi, donc). Voilà que je me mets à vociférer, monter dans les aigus, pour un prétendu écart de conduite. Tu me considères avec perplexité, comme si c'était une tocade de ma part. « Bon, on va faire comme il dit, l'autre grand, là, sinon il va nous faire un caca nerveux. »

*

Pourquoi n'as-tu peur de rien, pas même de l'orage ? On peut trouver une explication dans tes origines, ce cocon familial et protecteur où tu as grandi, entre père et mère, au milieu de la portée, et sous la vigilance de l'éleveur. On peut imaginer que la notion de

« traumatisme » t'est étrangère. Je pense qu'agit aussi le comportement de tes nouveaux maîtres. C'est là que, modestement, j'entre en scène. Car j'essaie de t'éviter tout stress : pas de mouvements subits indéchiffrables, ni de réactions émotionnelles excessives ou de signes de peur face à un événement nouveau… Bref, je maintiens un certain niveau de stabilité comportementale qui ne donne prise chez toi à aucune interprétation perturbante, ni à la captation d'ondes de stress – car tu es une éponge.

Ce faisant, je m'aperçois que je me fixais la même discipline avec Antoine, mon fils, quand il était tout bébé, puis petit enfant. J'usais avec lui autant que possible de ce pouvoir magique qui fait les enfants calmes et les chiens sereins : celui de rassurer.

*

Je note ton sens de l'à-propos. Quand tu t'es préalablement roulé dans la boue, tu aimes particulièrement me sauter dessus ou me faire un câlin fougueux. Je note aussi que, quelques heures après un sauvage bain de boue, te voici le pelage blond comme neuf. Quel est ton secret ? As-tu le poil autonettoyant ? Je te surprends parfois à te lécher consciencieusement sur ta couche.

Voilà bien une injustice faite aux chiens, accusés de ne pas avoir le sens aigu de la propreté des chats. Ils ne passent certes pas des heures à se bichonner comme le font ces chochottes félines, mais ils n'en ont pas moins un sens méconnu de la bonne tenue, que je découvre avec un profond respect.

D'ailleurs, je n'ai pas trop parlé du chat encore. Il s'appelle Gaston. Les présentations ont été vite faites. Tu es allé vers lui en remuant la queue… et tu t'es pris un coup de griffe. Je n'essaie même pas de t'enseigner la psychologie du chat, pour ce que j'en ai saisi… Sache que les chats ne sont pas des gens comme nous. Gaston, en tout cas, n'est pas impressionné par toi. Quand vous vous rencontrez, tu fais à peu près sa taille, mais il ne serait pas plus ému par un éléphant. Gaston est chez lui, il fait la loi. Nous sommes sur son territoire, nous, les humains, mais il nous tolère. Toi, non. Il ne comprend pas bien ton utilité, tu n'es pas à son service, tu ne le nourris pas, voire tu lui piques ses croquettes. Surtout, il te trouve bien trop remuant. En te filant un coup de patte, il te signifie : « Toi, je vais te calmer vite fait ! » Mais c'est trop tentant pour toi, ce jouet vivant, alors tu en fais le tour joyeusement en bondissant, tu lui proposes ton style de jeu : se mordiller, se rouler en boule et surtout cavaler l'un derrière l'autre. C'est à cette dernière activité que Gaston doit se plier. Il n'a pas le choix, il finit toujours par s'enfuir sous tes assauts désordonnés, et ça, tu adores ! Poursuivre une proie, voilà qui réveille quelque chose d'atavique. Le chat ne s'en sort qu'en trouvant refuge en hauteur, un rocher, le tas de bois ou l'auvent en tuiles.

Je suis inquiet de cette cohabitation remuante, car bientôt, à la rentrée, il va falloir que vous viviez ensemble en appartement... Mais je constate que Gaston prend goût au jeu, tellement plus habile et rapide que la pataude boule de poils toute en langue que tu es. Et quand il se rebiffe et te crache au visage, il voit bien que tu te figes dans le respect, la crainte d'un coup de griffe. Dans le rapport de force, Gaston a pris le dessus. C'est lui le dominant. Et je crois que ça lui plaît bien.

Toi qui aimes tout le monde, tu aimes aussi cette chose grise au poil soyeux et aux réactions imprévisibles. Je te vois parfois t'approcher lentement et risquer un bisou en coup de langue sur le museau félin. Gaston émet un gémissement indigné et se nettoie de la démonstration affective pendant dix minutes. Puis il finit par se laisser faire, résigné face à ton manque de savoir-vivre. À d'autres moments, c'est lui qui t'observe dormir puis vient risquer une reniflade de ta truffe. Il trouve que tu pues, mais bon, ça va encore. Dans sa grande mansuétude, il n'est pas loin de t'avoir adoubé.

*

Un petit reproche, qui n'en est pas vraiment un. Tu n'oublieras jamais de saluer ton monde en remuant la queue à la première rencontre, l'équivalent d'un « Bonjour, ça va ? » chez nous. Tu es un modèle de politesse. En revanche, tu n'exprimes jamais aucun « Au revoir ! », ce n'est pas dans ta culture. Parfois, ceux que tu rencontres sont un peu meurtris par ta désinvolture quand tu leur « mets des vents ». Tu tournes les talons, si tant est que tu en aies, et plantes là ton interlocuteur, sans un regard en arrière.

C'est que tu ne connais que le présent. Ceux que tu laisses sont déjà dans les limbes. Ils n'ont plus d'existence. Autant ton « Bonjour » consacre la rencontre et célèbre merveilleusement l'ici et maintenant, autant un geste d'au revoir serait une hérésie. Nous avons sans doute besoin, nous, de refermer la porte, mais ce découpage du temps en tranches, en phases de vie avec entrées et sorties, n'a pas sa place dans ton continuum, ce fil qui t'emporte déjà ailleurs.

*

À la campagne, notre voisin de l'autre côté du vallon te voit parfois arriver, dans tes courses folles et solitaires. C'est un paysan, ses chiens à lui sont bien attachés. Ses poules sont en liberté et il n'aime pas trop te voir traîner par là. Il me dit en parlant de toi : « Je lui ai donné un coup de bâton pour qu'il comprenne… » Mes cheveux se dressent sur ma tête. Je mesure toute la distance qui nous sépare dans l'approche pédagogique. Je vois bien que je ne suis qu'un bobo des villes qui tente d'entretenir une relation éclairée (*sic*) avec le monde animal, faite de respect mutuel (rire) et de bonne intelligence. Ses préoccupations à lui sont à mille lieues de cela, et comment l'en blâmer ? Depuis des millénaires, l'animal est au service de l'homme, point.

Une semaine plus tard, renversement de situation. Ce sont ses vaches qui envahissent mon terrain. Et font pas mal de dégâts. Je m'emploie à les reconduire vers leur pré sans employer ni force ni violence. Je parlemente en misant sur le fait que les vaches, par-delà leur enveloppe corporelle épaisse, ont aussi une âme et qu'elles m'entendent… J'y parviens plus ou moins bien, les noiraudes prenant le chemin du retour. Mais je n'en tire aucune gloire : j'ai bien senti qu'elles me redoutaient d'emblée car je suis un homme. C'était moins la communication entre âmes amies qui avait obtenu ce résultat que la multiséculaire pédagogie du bâton.

*

Il y a un trait de caractère que j'aime particulièrement chez toi : ton autonomie. Ce n'est pas le cas de beaucoup de chiens, qui suivent leur maître partout, dépendent étroitement de lui, attendent les ordres… Très tôt, j'ai vu que tu prenais des décisions pour toi seul. Dès le premier soir, tu as négligé le petit nid d'amour qu'on avait préparé pour toi. Tu as choisi que tu dormirais plutôt derrière le fauteuil, puis en travers de la porte. Et toutes nos tentatives pour te faire intégrer ton panier n'y ont rien fait. Désormais, partout, où que tu sois, c'est toi qui choisis où tu dors. Ce n'est pas négociable.

Tu ne me pistes pas non plus aveuglément dans mes déplacements. S'il te plaît de demeurer inerte face à mes agitations stériles, ou si tu décides d'une autre occupation solitaire (grignoter ton os), tu affirmes ton libre arbitre sans barguigner. Je ne peux m'empêcher d'y voir la marque d'une forte personnalité, hors des canons de la soumission veule qu'on assigne souvent aux chiens, parfois en la leur reprochant.

J'aime bien aussi quand tu t'allonges de tout ton long au milieu du passage, et qu'il faut t'enjamber. Tu as pris ta place sans complexe dans la famille. Tu ne doutes pas une seconde de ta légitimité sur cette Terre. Toby, lui, s'excusait presque d'exister, vérifiait toujours qu'il avait bien le droit de s'installer ici ou là, se levait d'un bond s'il était en travers de notre chemin pour vite filer dans sa caisse. Toi, non. D'ailleurs, tu n'as pas de panier. Ta couche, c'est le monde.

*

Je crois avoir progressé dans mon rapport avec les chiens. Auparavant, j'étais le maître, le garant de leur survie, et je détenais la vérité. C'était un peu déséquilibré. Je prenais toute la place dans la relation. Avec toi, j'ai augmenté à mon insu la part de respect. Jusqu'à la parité. Tu es un partenaire doué de compétences que je n'ai pas, et la réciproque est vraie. Qui est le plus utile à la survie de l'autre ? Aujourd'hui, je ne saurais le dire.

Quand on arrive en ville

Tu aimes tellement cette maison d'Ardèche et l'espace immédiat autour que c'est toujours une punition quand on t'emmène ailleurs. Tu ne comprends vraiment pas ces humains. Pourquoi partir d'ici ? Pourquoi chercher mieux ? Tout est là ! Mais il nous faut bien rentrer à Lyon, le moment est venu pour toi de découvrir la ville où nous habitons.

Et voilà ce que j'appréhendais : le retour à la civilisation. Pourtant, pas de déception chez toi (connais-tu même ce mot ?). Tu acceptes d'emblée le principe de la vie en appartement. Soixante-dix mètres carrés sur un sol dur au lieu du grand univers et son tapis d'herbe plein d'odeurs. Des lieux te sont interdits : la cuisine, la chambre. Les fenêtres sont trop hautes, aucune vision sur l'extérieur, pas de soleil, pas de vent. OK, ça ira ! Un peu comme les poissons qui adaptent leur volume en fonction du bocal.

C'est plutôt pour moi que la réadaptation est difficile. Très tôt, avant même d'avoir petit-déjeuné, te descendre pour le pipi matinal, attendre et vérifier que ta miction est accomplie, puis remonter les six étages à pied… Alors que cet été il me suffisait d'entrouvrir la porte pour que tu vaques à tes besoins. Le midi, rebelote, et le soir, grande promenade, que j'en aie envie ou pas.

J'ai oublié de préciser un détail : en raison de la constitution particulière de ta race, tu dois éviter les montées d'escalier tant que tu es jeune ! Tout ce qui pourrait tourmenter ta colonne vertébrale, et surtout ton arrière-train, est à proscrire. On me brandit la menace de la dysplasie coxo-fémorale (brrr !) – un dysfonctionnement de la hanche… Sur ce thème, ma culpabilité fonctionne à mort, je vais tout faire pour t'éviter cette horreur. Or, rappelons que notre appartement est au sixième étage sans ascenseur. « Tout faire » veut donc dire que je vais te porter pour t'éviter un handicap. Si tu voulais une preuve de mon amour (mais tu n'en demandes pas, tu ne doutes de rien), tu la trouverais dans ces transports (amoureux) de ton petit corps de vingt kilos – quand même ! – dans mes bras, moi soufflant et ahanant à chacun des six paliers de l'escalier en colimaçon. Mais un seul petit coup de langue sur ma joue à portée de museau me rembourse de l'effort.

*

La laisse, tu n'en souffres pas trop. Dès qu'on est sur les berges de la Saône, aménagées pour les piétons, je te libère et tu files d'une traite, droit devant. Tu y trouves d'ailleurs une belle compensation de la campagne : les copains ! Eh oui, c'est le lieu privilégié de la sortie canine. Dès que tu en aperçois un, même à plus de deux cents mètres, tu mets le turbo. Je te retrouve en train d'assiéger de ta pulsion ludique un comparse en laisse. Chihuahua ou doberman, pas bégueule, tu prends. Les grandes étendues de l'Ardèche sont derrière toi. Chicaner un confrère, ça les vaut bien.

Partout en ville, les gens t'adorent. Quel succès ! Ce que j'aime, c'est que tu ne fais aucun effort pour ça. Tu restes toi-même en toutes circonstances. Tu n'as aucun personnage à composer. C'est à prendre ou à laisser. Si par hasard tu sens un rejet, une hostilité à ton endroit, tu passes ton chemin sans éprouver la moindre vexation. L'orgueil, cette humaine invention.

*

En te voyant jouer avec un autre chien, je réalise que je ne pourrai jamais t'apporter la même joie. Bien sûr, je te lance des bâtons, des balles, je tire sur ton os, auquel tu t'agrippes des deux mâchoires. Oui, ça tu aimes, indubitablement. Mais faire l'imbécile avec un comparse poilu, il n'y a pas d'équivalent ! Moi, me laisser mordiller les oreilles, grimper sur le dos, pincer la peau du ventre et poursuivre en tous sens... je m'en lasserais vite. Un autre chien ne se fait pas prier ! La voilà, l'activité la plus passionnante sur la Terre : tu pourrais la pratiquer pendant des heures, et souvent ce sont les autres bêtes qui renoncent, épuisées, couvertes de ta bave.

Parfois, tu tombes sur un collègue non coopératif. Il renâcle et finit par gronder pour t'éloigner. Toi, tu le contournes, les yeux ronds, les oreilles dressées d'étonnement. Dans ton système de communication non verbal, tu lui dis : « T'es fou, mec ! Tu sais pas ce que tu manques ! »

*

Tu marches sur tes berges favorites, de plus en plus vite, jusqu'à prendre deux cents mètres d'avance, puis disparais de ma vue. « Laisse-moi maintenant, j'ai besoin d'être seul. » Et moi à courir derrière toi comme un mari quitté. Je donne surtout le change pour les passants, amusés d'un maître qui ne contrôle pas son chien. Vois comme mon orgueil est sollicité par ta désinvolture.

Après t'avoir rattrapé et durement sermonné en public quelques fois – sans que tu sembles bien saisir l'objet de mon courroux : « Cool, papa ! Je traînais avec des potes… » –, j'ai changé de méthode. J'ai décidé de me cacher pour voir comment tu réagissais à mon absence. Certes, c'est un peu puéril, disparaître et observer si on manque à quelqu'un ou pas est une tentation enfantine. Ça va, je sais.

Je me suis caché en haut des marches, en surplomb, pour te suivre de loin. Au bout d'un moment, je te vois rebrousser chemin. Bon point. Tu marches d'un pas rapide, museau en l'air, dévisageant chaque passant. Excellent ! Un peu de panique serait bienvenue maintenant, suivie de retrouvailles dans une ambiance de sauvetage en haute mer. Sauf que, lassitude ou inconstance, tu as fini par te remettre à flâner, renifler à droite à gauche, sans conscience du drame de la solitude, du spectre de l'abandon qui resurgissaient là-haut… Rien du tout. Tranquille. Quand j'ai fini par quitter ma cachette, vexé comme un pou, tu as semblé te rappeler mon existence. Quand même !

*

Te promener est une expérience réjouissante. Le passant qui te croise sourit furtivement en apercevant ta bonne bouille. Tu es un distributeur de sourires. Les chiens sont des diffuseurs de joie, leur présence devrait être obligatoire en ville : un chien pour dix habitants, c'est le bon ratio pour élargir les visages et soulager de la pesanteur ambiante. Les chiens de secouristes sauvent des vies. Ceux des villes aussi, plus modestement.

L'épreuve de la défécation

Cet été, je laissais tes fécales offrandes retourner à la terre, et donc l'enrichir. Ça me donnait une bonne conscience écolo : tes contributions à la fertilisation du sol faisaient ma joie secrète. Mais ici, en ville, ce ne serait pas forcément compris comme tel. De retour à Lyon, je dois adopter le protocole du ramasser de crottes – ça sonne comme une discipline olympique, ça pourrait l'être.

C'est toujours un moment délicat : à peine te mets-tu en position, sans équivoque quant à tes intentions, que je sens sur ma nuque les regards convergents des passants et riverains. C'est comme si un grand silence se faisait, que chacun s'immobilisait dans la stupeur, jusqu'à ce que je sorte un sachet de ma poche et m'acquitte de ma mission protectrice de l'espace commun. Alors, les bruits de la ville reprennent et chacun se remet en mouvement. Incident clos.

L'exercice est connu : la main dans le sachet, il faut poser les doigts protégés sur l'étron encore fumant. Puis, en sortir la main prestement en inversant le contenant de manière à ce que l'ensemble de crottes se retrouve pris au piège du sachet retourné. On acquiert vite la technique, qui dégoûte toute autre personne que le propriétaire aimant son chien. Ensuite – ce n'est pas le plus confortable –, il convient de transporter du bout des doigts le petit sac souillé, au vu et au su de tous les passants croisés, tour à tour dégoûtés ou amusés, jusqu'à la prochaine poubelle. Et soupirer avant de retrouver sa dignité.

Les propriétaires de chiens ont tous eu cette tentation, aucun ne me contredira s'il est honnête : quand la matière fécale s'avère trop liquide, hop, un coup d'œil circulaire pour savoir s'il y a eu témoin, et si ce n'est pas le cas, poursuivre son chemin le plus naturellement du monde en sifflotant. Il y a aussi ce cas, toujours dramatique, où l'on réalise devant le fait accompli qu'on a oublié les sachets. Là, il y a forcément des témoins, c'est une des grandes lois de l'univers. Et l'on sent plus encore leurs regards nous darder la nuque. La seule issue – elle n'est pas glorieuse, mais quoi d'autre ? – consiste à faire durer la recherche du pseudo sachet, s'accroupir lentement, accomplir fictivement la tâche avec une application qui normalement dissuade le moindre spectateur de s'attarder. Puis, quand les primo témoins du drame ont tous disparu, se redresser prestement, pousser la production du bout du pied sous une feuille d'arbre, un vieux journal – bien sûr, il en restera toujours un peu sur la chaussure, quand je dis drame, je pèse mes mots –, et quitter les lieux en urgence absolue.

*

Alerte rouge : tu viens de me faire une énorme diarrhée. Commencée dans l'appartement, poursuivie dans les escaliers de l'immeuble (horreur, les voisins !), achevée dans la cour. Pour toi qui avais fini par adopter les canons de la propreté, c'est une défaite. Tu n'es pas fier, et me lances un regard navré.

Alors que le responsable, c'est moi. Tu avais fini le paquet de croquettes, de cette marque à laquelle tu es habitué depuis ta naissance. Je n'avais pas anticipé et, en catastrophe, j'ai acheté de bêtes croquettes bon marché à la supérette du coin, des ronds rouges qui me semblaient affriolants. Petit joueur, j'ai pensé que ça ferait l'affaire, tu n'allais pas me faire le coup du gastronome à l'estomac délicat… Eh bien si ! Pas de doute possible, la diarrhée est rouge, comme les croquettes sur le paquet. Ce défaut de rétention s'est prolongé trois jours durant… Trois longues journées pendant lesquelles ton trou de balle a été ma principale préoccupation, l'objet de tous mes égards. Et de mon embarras hors de la maison : la fiente liquide est la plus difficile à ramasser avec la technique du sachet retourné. Il faut user de stratagèmes indignes pour collecter au maximum. Ce n'est jamais parfait, si j'en juge par les regards en biais des passants.

La semaine suivante arrive d'Allemagne (bravo le circuit court !) un énorme paquet de croquettes ultra chères, commandées sur Internet. Et notre idylle peut reprendre son cours.

*

Promenade dans les bois. Anne éprouve le besoin de soulager sa vessie et s'éloigne derrière un buisson pour s'accroupir. Avec surprise, elle te voit arriver et tourner autour d'elle, dans une totale décontraction. Ça la choque un peu, elle qui est d'une pudeur extrême. Je lui rappelle qu'à toi, rien ne paraît indécent, pas même cette position accroupie, culotte aux chevilles.

De ton point de vue, voilà encore une bizarrerie. Lever la patte te paraît tellement plus simple.

*

Souvent je te comprends. Je partage le plaisir des courses à perdre haleine, je vois bien la joie infinie de ton corps en expansion maximale, volant au-dessus du sol. Oui, là je te suis, j'adhère ! À fond derrière toi.

Beaucoup moins quand tu passes dix minutes à renifler une urine répandue sur un mur de coin de rue. Si je ne tirais sur la laisse, tu pourrais passer l'après-midi à te gaver de cette odeur.

Je n'ai pas non plus d'argument pour défendre cette propension canine à manger les crottes, notamment celles du chat dans la litière, comme si c'était un buffet campagnard à volonté. Sur ce terrain, mon Biloo, je ne te suis pas. Tu vas me faire le plaisir d'oublier cette vilaine habitude ancestrale et de recouvrer cette dignité dont je me suis fait le thuriféraire peut-être un peu rapidement.

*

De personne d'autre que toi je ne peux examiner les selles avec autant de constance et d'attention. Dès que tu rassembles les pattes arrière et soulève la queue, hop, je m'immobilise et examine le démoulage. Trop dur, trop mou, ce sont les deux écueils. Mais souvent, tu délivres une somptueuse limace qui vient s'enrouler ou se déployer. Je suis rassuré, tout va bien. Eh oui, ton certificat de bonne santé est là tout entier, fièrement exposé au monde. Le fumet de ton offrande me parvient encore dix mètres plus loin.

Il est derrière nous, le temps des jets dégoulinants que tu n'assumais pas trop, et moi encore moins. Notre avenir est désormais radieux, fait de superbes démoulés en spirale, témoignages des bons soins de ton maître.

Je suis certain que cette familiarité fécale me vient d'Antoine bébé à qui je ne pouvais tenir rigueur de ses couches souillées. On aime tout de son enfant ou de son chien. Leurs bouilles angéliques nous lavent aussitôt de toute rancœur.

*

Parmi tes grandes réussites, je signale un gros caca au milieu de la route, alors qu'on la traversait. Impossible de ramasser, les voitures fondaient sur nous. Le chauffeur de celle qui a écrasé le paquet et l'a réparti sur dix mètres m'a copieusement insulté par la vitre baissée.

Ton dernier exploit : un autre cacou hyper rapide, je n'ai rien vu venir, sur la terrasse d'un restaurant, où un grand nombre de clients étaient en plein repas. Eh oui, pour faire tes besoins, tu as bien compris la différence entre le dedans et le dehors. Mais une terrasse, c'est quoi, intérieur, extérieur ? Là, il n'y a rien à faire. L'odeur a déjà révulsé la moitié de la terrasse, et la vue du sachet plein a révolté l'autre moitié. À moi les huées. Toi, tu t'éloignes déjà, offrant à tes contempteurs la vue de ton anus indifférent.

*

Quand on me demande dans la rue si je suis le propriétaire du chien, j'ai envie de dire que non, pas plus qu'on n'est le propriétaire d'un enfant. Que je suis le dépositaire d'un cadeau et que j'essaie d'en être digne, d'honorer la confiance que m'a accordée l'univers. Mais il semble que ce ne soit pas le sens de la question et qu'avec cette réponse je donne l'impression de me défausser de ma responsabilité face à cette ultime crotte que tu as cru bon de déposer cette fois dans la rue piétonne. Alors je dis que oui, tu es mon chien, et je sors mon petit sachet mais, en mon for intérieur, je reste sur ma conviction première. Propriétaire, non. C'est un travail d'équipe.

Laisse ou pas laisse, telle est la question

Toby, ton prédécesseur, se promenait en ville à mes côtés sans laisse, de même que Zazie, avec qui je prenais le métro parisien sans qu'elle soit attachée le moins du monde. Toby avait compris le principe du trottoir : il s'arrêtait quand celui-ci s'interrompait (il maîtrisait aussi la notion de caniveau, qu'il interprétait comme une limite à lui fixée). La chaussée était un lieu de passage où il ne fallait pas s'attarder et pendant la traversée de laquelle il se maintenait à mes côtés. Il guettait l'orientation de mes pas, anticipait ou suivait. C'était lui qui se gardait, en quelque sorte. Pour le reste, un ordre bref d'un ton ferme – « Reste là ! », « Non ! », « Viens ! » – garantissait un déplacement sûr. La voix humaine est la plus noble des laisses.

C'était un vrai bonheur de le voir déployer son intelligence, observation-déduction, et de maintenir une étroite complicité qui lui évitait la conduite mécanique et déresponsabilisante au bout d'un cordon. Cet enchaînement de l'un à l'autre est toujours désolant, il abaisse la dignité de l'animal, à qui on ne fait pas confiance, et de l'homme, enfermé dans l'obsession du contrôle. L'art du dressage consiste paradoxalement à accorder au chien sa liberté – dans les limites de sa survie et du respect de l'autre.

Mais cette réussite n'est pas appréciée à sa juste valeur. Ils sont nombreux sur notre chemin ceux qui exigent que le chien soit attaché. La laisse rassure. Conforte le besoin viscéral que tout soit tenu, encadré. La liberté animale est mal vécue, la loi réprime la « divagation » des canidés. Quand je vois le regard plein d'amour des chiens, je suis triste des vocations carcérales qu'ils suscitent.

Toi, il m'a fallu du temps pour oser te lâcher. Pendant longtemps, tu me paraissais encore bien foufou et je ne savais pas si tu pourrais t'empêcher de courir vers un autre chien sur le trottoir d'en face. C'est ta drogue. L'appel d'une créature de ton espèce est plus fort que ma réprimande, que toute menace de punition. Ça me rend dingue de te voir filer vers tes comparses alors que je hurle dans ton dos. Donc je me résous tristement à la laisse en ville. Je n'ai pas envie de te perdre, tu m'es devenu tellement précieux. Ou alors j'ai moins d'audace, de confiance en la vie qu'avant. Je me console avec le souvenir que parfois Toby était content d'être en laisse. Dans les situations de stress, de foule… Il n'avait ainsi plus à se préoccuper de me suivre ou me retrouver. J'étais là, au bout de ce fil de cuir, lien qui matérialisait notre union exclusive, ma préférence envers lui et lui seul parmi toutes ces créatures humaines ou animales. Comme ces amants qui éprouvent le besoin de se rassurer par des alliances au doigt.

*

Dans le couloir en bas de l'immeuble, je consulte distraitement le courrier, vérifie que j'ai bien les clés en poche avant de sortir… et j'ouvre la porte. Mon erreur me saute aux yeux : j'ai oublié d'attacher la laisse à ton collier. Te voici libre sur le trottoir, avec juste les voitures garées entre toi et la chaussée où passent les bolides… C'est la première fois, tu n'écoutes pas et files droit devant toi. Sueurs froides.

Tu galopes en suivant le trottoir, accélères sur la place devant le tribunal, d'où rien ne te sépare du flot des voitures. Je cours en hurlant derrière toi, c'est ridicule, encore ce pauvre type qui ne contrôle pas son chien, mais ma terreur est plus grande que ma honte. Je ne comprends pas ce qui te passe par la tête pour courir si vite, droit devant toi…

Toutes mes visions traumatisantes resurgissent : toi sur le goudron, dans une mare de sang, un attroupement autour qui me désigne comme le coupable… Mon cauchemar récurrent. Après un sprint dont je ne me serais pas cru capable, je parviens à t'alpaguer par le collet et te passe un savon, devant les badauds que ça amuse, les sots. Toi, tu me fais ta tête de « Quoi ? Qu'est-ce que j'ai fait ? C'est quoi le problème ? ». Il n'y a que moi qui ai conscience du danger ou quoi ?

*

À l'appartement, tu m'observes souvent. Tu scrutes dans mon comportement ce qui pourrait être une information. Éteindre la lampe de bureau ou mettre mon manteau, et plus encore, prendre la laisse, signaux codés qui veulent dire : on va sortir ! Ou bien, si je saisis ta gamelle, là, le message est transparent. Je m'aperçois que je suis le seul repère pour ta compréhension de ce qui se trame. C'est une responsabilité. Conscient de la charge qui pèse sur mes épaules, j'essaie de ne pas t'induire en erreur. Avant de prendre mon manteau, je t'explique que je sors seul cette fois, toi « tu restes là » (tu comprends ces mots). Tu retournes te coucher. Pas d'espoir déçu. Je suis attentif à toi pour ces détails, comme, je m'en rends compte, j'aurais bien aimé qu'on le fût avec moi, enfant.

*

Dans l'immeuble, les gens t'adorent, évidemment. Les enfants s'émerveillent de ce gros tas de poils mobile, tout en langue. À quelques notables exceptions près. Le couple du deuxième me reproche vertement de ne pas attacher mon chien, de le laisser divaguer dans l'escalier (au fait, fini la menace de dysplasie, tu es grand !), au risque, m'expliquent-ils, de renverser leur progéniture. S'ensuit un débat au cours duquel je tente de faire valoir que tu es assez habile pour les éviter, que tu adores les enfants et que le danger est quasi nul. Je m'entends dire que la simple vue du chien dévalant seul pourrait effrayer leurs enfants et ainsi provoquer leur chute. Je garde par devers moi l'hypothèse, vieux débat, que la peur attire le danger, de même que le fait de sans cesse redouter le pire pour ses proches. J'évite de conseiller sur un ton paternaliste à ce couple de familiariser leurs enfants avec le chien (ou toute autre source de frayeur potentielle), plutôt que de se lancer dans la course sans fin à l'évitement, la surprotection. Je fais bien de m'abstenir, me voici menacé de convocation devant le syndic.

Je n'ai jamais compris comment on pouvait avoir peur des chiens. Dans un des livres de mon enfance, *Le Chien des Baskerville*, Sherlock Holmes mène l'enquête sur un étrange phénomène : un chien démoniaque crachant du feu de sa gueule géante pourchasserait les membres de la famille Baskerville. Or s'il y a « chien » dans le titre, déjà, je n'ai pas peur. Pour moi, les Baskerville ont adopté un toutou et j'ai hâte de faire sa connaissance.

C'est sans doute un problème, cette absence de crainte. Ainsi suis-je persuadé que les chiens n'attaquent que s'ils sentent la peur. Donc face à un chien qui me chargerait toutes dents dehors, il me suffirait de lui faire face sans bouger, tranquille, de le toiser avec autorité en hurlant : « Assis ! » Peut-être que ça marcherait – je n'ai (heureusement) jamais eu à tester ma méthode.

*

Un jour, dans un magasin, je dois lâcher ta laisse pour payer à la caisse. Tu en saisis la poignée entre tes dents et te dandines entre les rayons, la tête haute. Immanquablement, tout le monde s'esclaffe. Le spectacle est assez drôle, il est vrai. Tu donnes à chacun l'impression de t'être pris en main et de t'autopromener, affranchi de ma tutelle. « Il a pas besoin de vous, votre chien ! » Je sais.

*

Le feu est rouge pour les piétons. Les voitures déboulent à vive allure en rugissant. Toi, tu as le nez au sol et tu tires sur ta laisse pour passer quand même. Sans ma poigne ferme, tu traverserais alors que la masse automobile fond sur toi, tout moteur hurlant. Là encore, je me demande comment ça se passe dans ta tête… Ces voitures sont-elles des abstractions ? Leur occupation, visuelle, auditive et menaçante, de l'espace ne suscite-t-elle aucun indice de dangerosité chez toi ? Ou alors, tu vis dans le cocon protecteur de ma présence, où toute forme de péril est exclue, car je veille… Parfois, je frémis de voir les roues frôler ton museau à quelques centimètres. Comment te faire comprendre que ce cocon n'est qu'illusion et que tu longes l'abîme en permanence ?

Selon un ami propriétaire de chien, il faut un choc pour faire pénétrer dans le cerveau canin la possibilité de la douleur et la méfiance vis-à-vis du danger. Sa chienne a pris un coup de pare-chocs, il me garantit qu'elle a compris. Mais comment faire ? Organiser moi-même un trauma salvateur ? Impossible. Souhaiter que ça se produise ? Pas plus. Encore un problème insoluble.

*

Progressivement, je lâche la bête. Quand tu cours sans laisse sur les berges, j'observe chez toi une vivacité à comprendre les itinéraires, à anticiper. Rien qu'au mouvement que j'amorce. C'est d'ailleurs une des grandes réussites de la conduite sans laisse. Ce n'est plus au maître de surveiller le chien, mais au chien de guetter où va le maître. La charge mentale s'est inversée, le petit stress a changé de camp. Quel soulagement. Une fois, pourtant, cette aptitude à anticiper a failli nous coûter cher. Ayant pris de l'avance, tu m'as vu me diriger vers l'escalier qui remonte vers les quais. Mais au lieu de revenir vers moi et de suivre le même itinéraire, comme je l'escomptais pour te remettre ta laisse, tu as déduit que l'autre escalier, plus proche de toi, conduisait au même endroit. Malin ! Tu as donc pris ce raccourci. Et comme tu grimpes dix fois plus vite que moi, tu es parvenu en haut bien avant… mais persuadé que j'avais déjà traversé la route. Enfin arrivé là-haut, horrifié, je t'ai vu sur le terre-plein, cerné de voitures lancées à vive allure. C'était déjà miraculeux qu'aucune ne t'ait renversé à l'aller. Mais à présent il fallait un second miracle, car dès que tu m'as aperçu tu as retraversé la route en galopant. Mon cœur s'est arrêté. Le second miracle a eu lieu. Tu m'as rejoint indemne. Il y a un Dieu pour les chiens trop malins. Et leurs imbéciles de maîtres.

Ton métier de chien

Bilan de la nuit : une tong déchiquetée, celle d'Antoine, ton frère humain. Il va falloir lui expliquer. Bien sûr, c'est moi qui m'y colle, toi tu as déjà oublié. Je soupire, mais me réjouis malgré tout de ta retenue en matière de dévoration. À ton âge, Toby avait déjà à son palmarès une dizaine de chaussures, dont certaines assez chères. Une paire abandonnée dans son rayon d'action, c'était pour lui comme une offrande. J'ai longtemps marché avec au pied gauche une précieuse chaussure de randonnée délicatement déchiquetée au talon et aux lacets. L'occasion de me souvenir de lui chaque fois que je l'enfilais. Sans trop de rancune pour autant. Après tout, il pratiquait son métier de chien.

*

Tu as détruit tous les nouveaux jouets que je t'avais achetés. Méthodiquement. Certains n'ont pas tenu une demi-journée. On devrait t'employer dans les usines pour tester ce genre de gadgets avant de les mettre sur le marché. Ça éviterait beaucoup de gâchis. J'en ai trouvé un qui me semblait un meilleur interlocuteur pour toi (je ne te cache pas que j'ai beaucoup cherché). Ça ressemble à une boule faite d'arceaux en caoutchouc. Bon point : c'est facile à prendre dans la gueule et, surtout, ça résiste à tes assauts furieux. Une semaine déjà qu'elle survit, un record. Parfois, tu viens la déposer sur mes genoux quand je travaille. À l'autre bout de toi, je vois la queue qui remue. La sollicitation au jeu est clairement formulée. Franchement, j'ai autre chose à faire, mais difficile de refuser, tout ton désir est au bord de tes yeux. Et quand ma main saisit enfin un arceau du jouet, ta pupille s'allume et je jurerais que tu te dis : « Yes ! »

Je tire dans un sens et toi dans l'autre, le jeu le plus passionnant du monde ! C'est une sorte de bras de fer. Celui qui cède a perdu. Tes mâchoires sont crispées, tu ne lâcheras pas, plutôt crever. C'est sans compter ma ruse d'humain légèrement plus évolué (pardonne-moi). Je tourne la boule sur elle-même, ce qui te fait lâcher progressivement ton étreinte. Tu enrages. Mais dans tes yeux je vois que tu as a-do-ré, pas rancunier pour deux sous. Quoi ? Une autre partie ? Oh non, s'il te plaît, j'ai du boulot… Et te voilà à me fixer, le jouet à tes pattes, prêt pour un nouveau combat. Je comprends mieux le retard que j'ai dans mon travail.

*

Combien d'heures par jour remues-tu la queue ? Si une turbine pouvait être alimentée par le battement quotidien de ton appendice caudal, tu allégerais mes factures d'électricité.

*

Avec Gaston, ça s'est calmé. Franchement, j'appréhendais la cohabitation en appartement. Si tu avais continué à le poursuivre dans nos étroits mètres carrés comme tu le faisais à la campagne, c'en était fini de la paix sociale, de la coexistence inter-espèces. Mais tu t'es assagi. Couché en travers du couloir, il t'arrive même de te laisser flairer, sans soulever une oreille. Bien sûr, il suffit que Gaston, au cours d'un de ces coups de folie propres à l'espèce féline, se mette à courir d'un bout à l'autre, pour que ton instinct de chasseur se réveille et que tu lui files le train. Mais ça ne va pas bien loin. Gaston a des points de refuge qui te sont prohibés : la cuisine, les chambres. Et tout ce qui est un peu en hauteur, manteau de cheminée, tables. Zones d'immunité diplomatique. Alors tu retournes te coucher. Tu pourrais trouver ce deux poids, deux mesures injuste. Gaston se pavane dans les chambres et la cuisine, bien conscient de son privilège et en jouissant d'autant plus sous ton regard. Mais non, pas de révolte. Décidément, que de mots dont tu ignores l'usage !

Plus surprenant : lorsque Gaston se laisse caresser en ronronnant sur le bras de fauteuil à toi interdit, tu ne manifestes aucun trépignement de jalousie, comme j'ai vu tes semblables le faire. Tu adoptes plutôt une posture de résignation, museau au sol et paupières circonflexes. Tandis que Gaston savoure la victoire de son intelligence sur ta masse musculaire, en t'accordant à peine un regard à la dérobée qui signifie : tu peux admettre ça, gros ? C'est moi qu'ils aiment.

*

Ta maîtresse fait des to-do lists avec ses objectifs de la journée. Elles sont longues et ambitieuses. La tienne, pour aujourd'hui, est à la fois minimaliste et incommensurable : être là.

*

Le 4×4 qui nous sert à remonter le bois dérape sur le chemin boueux et s'encastre entre deux arbres. Impossible de sortir du piège. Des amis viennent à la rescousse avec un câble et un autre 4×4. La manœuvre est délicate, nous sommes plusieurs autour du lieu du drame, concentrés sur la roue qui patine et spéculant gravement sur la meilleure solution.

Je te vois folâtrer parmi nous, proposant ton bâton à chacun ou flairant les alentours en bondissant. Absolument pas concerné, étranger à la gravité qui nous habite tous. Ce décalage me fait immédiatement sourire et me détourne un instant de ma mission lorsque la voiture accroche enfin le sol et sort du piège. Tu ne serais pas un peu magicien ?

*

Dehors c'est la guerre, l'épidémie, le chaos… Toi, tu es sur le flanc, pattes croisées, et tu pousses de longs soupirs à intervalles réguliers. Une interprétation sommaire de ta position relâchée pourrait conclure à une certaine indifférence à l'égard de la marche du monde. Moi qui te connais bien maintenant, je sais qu'il n'en est rien. Tu fais là aussi ton métier de chien en maintenant dans la limite de ton rayon d'action, ou d'inaction, un niveau d'harmonie et d'apaisement qui contribue à garantir autant que possible l'équilibre global. Tu fais ta part, modeste antidote.

Apprendre la séparation

Dans le train, tu files sous la banquette et on ne te voit pas pendant cinq heures. Inutile de te prendre un billet, les contrôleurs ne soupçonnent pas ta présence. Les escaliers mécaniques ne sont plus un obstacle, tu as compris le truc des marches qui grandissent au début, puis disparaissent à la fin. Tu es juste un peu brutal dans ta sortie d'escalier pour revenir vite au sol ferme, sans tenir compte de moi qui suis au bout de la laisse avec des bagages. Tu acceptes aussi le principe de la voiture, et tu grimpes dans le coffre – après tout, c'est la garantie qu'on t'emmène avec nous. Dans la chambre d'hôtel, tu dors où tu veux dès que tu as acté le fait qu'on n'en bougerait plus, confirmé par ma position horizontale sur le lit. Chaque matin, tu viens délicatement poser ton museau sur le bord du lit et m'observes. Sans signe de vie de ma part, tu retournes te coucher. Comment souhaiter un partenaire plus délicat ? Nous ne nous quittons pour ainsi dire jamais.

Pourtant, une échéance approche : nous devons partir à l'étranger... sans toi ! Je n'imagine pas de te faire voyager dans une cage en soute pendant seize heures, sans compter les escales... Tu as beau ne t'étonner de rien, je ne veux pas prendre le risque d'un traumatisme. Et je n'ai pas envie de me faire un sang d'encre pour toi pendant tout le vol, de redouter le moindre trou d'air. Donc nous te confierons à Odile, notre voisine ardéchoise. C'est un déchirement. Surtout pour moi, car tu ignores tout de ce qui se manigance, et l'accepterais de toute façon. Le voyage en train pour aller te confier à Odile est rude. Retard, changements, finalement le TER ne s'arrête plus au Péage-du-Roussillon, panique à bord. J'essaie de résoudre ce problème en dialoguant au téléphone et t'observe tout le temps de la conversation, assoupi gentiment sous le siège, alors que tu es au centre de la tourmente. À coups de correspondances, je parviens à bon port avec deux heures de retard : je n'ai que trois minutes sur le quai pour te confier à ta nouvelle maîtresse, je remonte, les portes se referment. Par la vitre, je te vois lui faire la fête, exagérément (tu l'as vue deux fois dans ta vie !), puis la suivre sans même un regard en arrière pour le train qui m'arrache à ton affection.

Bien sûr, je dois m'en réjouir. C'est mieux que des adieux déchirants. Je me souviens d'avoir déposé Toby dans la voiture de la même Odile, après lui avoir expliqué ce qui allait se passer (j'explique toujours tout aux chiens, j'entretiens le fantasme qu'ils comprennent, ça ne coûte rien). Toby s'était installé sur la banquette arrière, résigné, en constatant que je n'étais pas du voyage. Et tout le temps que la voiture s'est éloignée, son regard ne m'a pas lâché par la lunette arrière, l'obligeant à se tordre le cou dans ma direction, jusqu'à ce que le coin de rue l'avale. J'ai passé la journée avec ce regard planté sur moi comme un couteau.

Notre destination, c'est l'Équateur. Ça t'aurait plu – mais à quel prix de paperasse administrative et de transferts avion-taxis-bus… Et puis, je ne sais pas si tu aurais bien compris la psychologie de tes congénères là-bas. Pauvres chiens des rues, efflanqués. Quand je les croise, ils baissent le museau, me regardent en coin et font un grand détour prudent. À croire que la règle locale est le coup de pied aux fesses. Je ne crois pas non plus que ce grand amour débordant qui te porte à filer droit vers tout ce qui est humain, pour y recevoir ton habituelle caresse, aurait été bien reçu par les autochtones. Ici, le chien doit être utile, point.

Je fais la connaissance de Jack, petit chien blanc et noir, pouilleux et couvert de blessures, qui trottine partout dans le village. Roger, notre voisin américain qui vit sur place, l'a adopté et le traite « à l'occidentale » : vaccins, soin des plaies, nourriture régulière... le grand luxe pour un vieux corniaud abandonné. Roger le laisse libre, il est incroyablement débrouillard. « Il peut survivre à tout, ce n'est pas un chien de salon. » J'ai une pensée pour toi, mon Biloo, qui serais tellement désarmé dans ce monde hostile. Livré à toi-même, quelle serait ton espérance de vie ? À moins que ton instinct de bête sauvage ne soit pas aussi enfoui que je le crois ? Je ne tente pas l'expérience... je te préfère chez Odile.

De temps à autre, nous avons des nouvelles de toi, par Internet, avec un décalage horaire de sept heures. Je te vois sur les photos, insouciant. Ça me rassure et me fait un coup au cœur. Évidemment, tu m'as déjà oublié. Tu as même, paraît-il, une amoureuse, derrière le grillage de la voisine, auprès de laquelle tu parades tous les jours. On m'informe que tu as dévoré un coin de fauteuil, une guirlande de sapin de Noël (bon, il reste un peu de sauvagerie en toi, c'est bien).

J'apprendrai plus tard (heureusement !) que tu as beaucoup fugué. Odile me racontera qu'un jour elle devait aller au cinéma. Tu avais profité d'une porte ouverte pour fuir dans le village. Odile s'est dit qu'on verrait bien ça à son retour et elle est partie au cinéma avec ses amies... J'ai dégluti rétrospectivement à l'écoute de ce récit désinvolte. Comment aurais-je pu, moi, tranquillement voir un film en te sachant en liberté, à la merci de toutes les tragédies et autres enlèvements crapuleux ?

*

Retrouvailles, enfin. Le village est sous la neige. Je viens garer la voiture près de la maison d'Odile. Je te vois sur le balcon. Toujours cette posture digne. Tu es aussi beau que dans mon souvenir. J'ai coupé le contact et te guette. Tu as tourné la tête vers la voiture et maintenant la fixes intensément. Tu la connais, cette voiture. Je vois tes oreilles relevées, interrogatives. Je sors lentement, tu es à vingt mètres, sur ton balcon. Tu suis mon mouvement, il me semble que tes oreilles haussent d'un cran leur circonflexe. Mais tu restes figé dans l'incertitude. Je sifflote deux notes connues de toi. Là, tu bondis dans l'escalier que tu dévales d'une traite et viens te jeter sur moi. Ah, quand même ! Les retrouvailles sont belles, on s'embrasse, on se papouille, tu fourres ton museau dans mon cou, puis entreprends de rebondir autour de moi, sur tes pattes à ressorts. Lequel des deux est le plus heureux ? Et même quand Odile nous rejoint, tu ne me quittes plus. À son compte-rendu, je redoute que tu aies pris de nouvelles habitudes, notamment celle de fuguer. Que toute mon éducation ait été effacée d'un coup. Et aussi, que tu préfères désormais vivre ici, avec ton amante chienne juste à côté… Que tu ne m'obéiras plus à moi, l'étranger. Mais aux premiers mots que je prononce, qui sont les nôtres, notre code, tu réagis. Et tu obéis. Tu es encore bien jeune, mais tout est gravé déjà dans un coin de ta tête. Tu me suis vers la voiture et je ne peux cacher ma joie. Les bons copains se sont retrouvés, c'est reparti la bamboche !

Notre vie de couple

J'adhère à cette croyance que les chiens arrivent dans nos vies à des moments loin d'être anodins. Je les soupçonne d'être en « mission ». C'est Toby, ton prédécesseur, qui m'en a donné l'idée. J'étais confronté à cette période où mon fils Antoine avait cessé d'être un enfant, sans être encore un adulte capable d'exprimer les choses. Un ado, quoi. Qui n'avait qu'une hâte : sortir de cette période infantile et déployer ses ailes. Je le comprenais et l'admettais. C'est le jeu de la paternité. Mais ça signifiait une nette raréfaction des câlins, bisous et autres manifestations de tendresse. À donner comme à recevoir. Je suis donc resté avec mes élans d'affection sur les bras. Inemployés. Tous les parents connaissent cette période de jachère, je n'insiste pas.

Avec un timing redoutable de précision, Toby a débarqué dans ma vie pour être le nouveau support de mon amour filial en déshérence. Lui n'était pas avare de démonstrations, loin de là, ni de ce contact physique, délicieusement animal. Je dois même dire qu'il en faisait trop. Léchouilles généreuses et frétillements de la queue. Toujours content de me voir. Il m'aimait et n'aurait pu s'empêcher de le dire. Il est venu à sa façon combler ce vide cruel entre père et fils. Son arrivée a été une grande consolation, j'imagine que telle fut la tâche assignée par le Grand Tout à ce petit messager d'amour universel.

Mission accomplie jusque dans les détails. Le fils n'avait plus envie d'aucune activité avec le père. Mes propositions tombaient dans le vide ou étaient écartées d'un soupir irrité. À l'inverse, Toby accueillait la moindre de mes envies communes d'un : « Mais grave ! À fond partant ! Yes, on y go ! » Parfait compagnon qui crée une nouvelle présence sans effacer l'autre, forcément irremplaçable. Évidemment, dans les premiers temps, j'ai cherché Toby à travers toi. On dit qu'il ne faut pas, après un deuil, chercher un enfant disparu dans le suivant. C'est mortifère. Et c'est placer une charge redoutable sur les épaules de l'enfant qui vient, dont ce n'est pas l'histoire. Mais avec un chien, qu'est-ce qui s'y oppose ? Le chien est plus fort, plus imperméable qu'un enfant. Il ne va pas en souffrir, ne saisira rien du jeu malsain qui pourrait se glisser dans la relation. Il s'en fout et balaie tout d'un coup de queue, en bon chien dans un jeu de quilles. Comme sa fonction est d'apporter de la joie, de soulager les peines, il est pleinement dans son rôle.

Il va même plus loin. Subtilement et de manière tranquillement irréversible, il efface le chien antérieur. Plus exactement, il l'absorbe. Alors qu'on se croyait inconsolable, voici que le chien nouveau propose une page blanche. C'est ta force et ta gloire : me ramener au présent de toi, me mettre le nez dedans. J'aurais pu prendre un autre genre de chien, jouer sur la différence. Être plus audacieux, curieux. Laisser venir à moi d'autres références… Et surtout, aller à la SPA, faire des heureux. Mais arpenter les allées encagées d'un centre de refuge pour chiens est un déchirement pour moi. Celui-ci plutôt que celui-là, non, je m'enfuis en courant, secoué de larmes (pardon d'être, en la matière, une vraie mauviette). C'est dommage, c'est idiot. Je le regrette. Je ne suis pas assez fort.

Au début, comme tous les « veufs » de chien, je n'en voulais plus. L'épreuve avait été trop cruelle. Ensuite, poussé par mes proches qui voyaient en moi le trou béant, j'ai accepté l'idée d'un autre chien, radicalement différent. Ça n'a pas marché. Cette petite chienne remuante et sa voix suraiguë, je l'ai gardée une semaine. Le temps de lui faire tous ses vaccins. Mais je ne pouvais pas envisager d'avenir commun. Je n'en suis pas fier. Je pense qu'elle a trouvé un autre maître plus adapté à elle. Tout le monde la trouvait adorable. Moi aussi. Mais je ne voulais pas d'une chienne adorable. Je voulais un frère chien.

Voilà pourquoi je me suis orienté vers le golden. Oh, je n'ai rien fait pour. Trop de gravité. Trop d'inertie. Je te l'ai dit, c'est Anne, ma fiancée pour la vie, qui a tout fait. Et présenté l'affaire comme un cadeau. Comment dire non ? J'ai failli, dix fois. Avant qu'on ne me traîne chez cet éleveur où je trouverais à coup sûr, me promettait-on, le successeur idéal. C'était vrai. Tu y étais. Mais là encore, rien n'était gagné. La première démarche consistait à se faire accepter par la dame de l'élevage comme candidat sérieux à l'adoption (pas celui pour qui ce serait une passade). S'inscrire pour une future portée. Venir te choisir six mois plus tard… Beaucoup d'occasions pour moi de fuir et retourner sur la tombe de Toby. Mais j'ai vu chez tous ces golden, jeunes ou adultes, quelque chose de familier dans le regard, dans la manière de pointer le museau avec bonhomie. Cela m'a un peu ébranlé. À présent que tu es à mes côtés, toi qui as survécu à tous mes abandons potentiels, je crois savoir ce qui s'est tramé à mon insu.

*

Je plonge mon visage dans la fourrure de ton cou, je t'embrasse sur le museau. Ta salive, j'en suis couvert. Les mains, le visage. J'ai l'impression de me reconnecter à quelque chose de sauvage, atavisme enfoui, le temps des cavernes, une époque où le contact physique n'était pas un vain mot.

En revanche, il t'arrive de sentir un peu mauvais, n'en prends pas ombrage, c'est inhérent à ton espèce. À un moment ou un autre, tu pues. Moi, ça ne me gêne pas plus que ça, mais je m'aperçois qu'avec les autres ça me met dans un certain embarras. Quand je comprends qu'ils l'ont remarqué, ou quand ils le disent carrément, c'est comme si moi-même je puais des pieds ou que je dégageais un relent de transpiration. Alors que toi, tranquille, tu t'en fous allègrement. La voilà, la vraie injustice !

*

Ta maîtresse trouve que tu reçois beaucoup de bisous de ma part. Plus qu'elle, semble-t-elle penser. Voilà que je me cache pour t'embrasser comme si nous étions deux amants furtifs. On est en plein vaudeville. Il faut dire qu'il est bien plus facile d'exprimer son affection, son « amour », lâchons le gros mot, à un chien qu'à un être humain. Dans ces mouvements du cœur vers nos semblables se cachent trop de chausse-trappes, de peurs. Crainte de l'absence de réciprocité, angoisse de trop se dévoiler, réticence à encombrer l'autre, etc. Mille traces de l'histoire personnelle de chacun, de présuppositions, constructions alambiquées… Autant de freins à l'expression simple et directe.

Le chien est un support vierge, son regard neuf est libre de toute histoire antérieure. Rien n'est redoutable de cet amour entre lui et nous. Pour les grands blessés du sentiment, l'amour d'un animal est la meilleure rééducation.

*

L'empathie n'a pas que de mauvais côtés. Bien sûr, je souffre quand tu as mal, je suis triste quand tu comprends que tu ne vas pas ressortir, et que tu vas te recoucher, la queue basse. Mais lorsqu'au cœur de l'été tu t'affales au fond d'un petit cours d'eau en lâchant un long soupir de bien-être, la fraîcheur m'envahit, je ressens ton profond soulagement. Je ne suis pas loin de soupirer d'aise moi aussi.

*

Tu sais, mon Biloo, nous, les propriétaires de chiens, nous sommes un peu des guerriers. Le courage qu'il nous faut pour vous sortir le dimanche matin tôt, dans le froid ou sous la pluie, après une nuit trop courte ! La veille, tout à notre bonheur de partager une soirée prolongée entre copains et ravis de n'avoir pas d'enfants à déposer à l'école le lendemain, nous avons tout simplement oublié que tu nous attendras au petit jour devant la porte en piaulant, vessie pleine. Sais-tu l'abnégation qu'il nous faudra pour trouver ta laisse dans un demi-sommeil, sortir avec un manteau jeté sur un pyjama informe, sans chaussettes dans les chaussures délacées, descendre les six étages en espérant ne croiser personne, puis arpenter une rue encore sombre et enveloppée de bruine glaciale ?

Mais n'est-ce pas là que se niche, sans jeu de mots, notre véritable amour pour vous, les canins ? Quelle meilleure preuve que ce petit calvaire du dimanche matin ? Vous faire un gros câlin au creux du cou, ça, c'est facile et plutôt agréable. Vous gaver de croquettes, aucun effort à faire. Mais affronter le grand extérieur hostile, ensommeillé et si peu vêtu, oui, le voilà l'amour authentique.

Et on ne vous en tient pas rigueur (pourquoi, d'ailleurs ? Ça figurait dans le contrat). De toute façon, nous, les maîtres résilients, serons payés de nos efforts au premier instant où nous vous verrons frétiller, bondir en tous sens, pluie ou pas, rien ne résiste à votre joie matutinale. Qui, instantanément, devient la nôtre.

*

Dis donc, je regarde les albums photo… Tu es bien présent dans notre vie ! Tu es dans tous les bons coups, fêtes, balades, voyages, repas… Il y a toujours ta frimousse dans un coin et ton pelage couleur sable qui vient éclaircir la photo. L'air de rien, sans y toucher, tu as pris toute ta place dans la famille. Les gens qui nous rendent visite te saluent en premier, se réjouissent de ton accueil. Ou alors s'inquiètent de ton absence, comme de celle d'un enfant. Sans être ni encombrant ni fuyant, à la juste mesure de ta délicatesse, tu fais partie de notre paysage. Je ne dirais pas que tu as réussi ton coup – tu ne l'as même pas calculé.

Un débat peut parfois animer deux sociétés supposées irréconciliables : les amis des chiens et les amis des bébés. Les seconds s'offusquent qu'on puisse accorder aux deux la même légitimité. Il n'y aurait pas de négociation possible sur l'importance du bébé, son humanité prioritaire, son caractère précieux, voire sacré. Renvoyant la bête à sa profane poilitude.

Un membre de ma famille, tout pétri d'amour pour ses deux enfants, considérait d'un œil circonspect mon amour pour toi, Biloo, comme si était suspect le fait d'employer le même mot pour dire son sentiment à l'égard d'un petit humain et d'un canidé.

Moi qui suis l'ami des deux espèces, je prétends que ce débat est nul et non avenu. Il s'agit de deux plans différents, comme aimer le chocolat et la plongée sous-marine, et qui en outre ne s'excluent pas. Je ne prétendrai jamais qu'un petit chien vaut un petit d'homme si j'avais à choisir la survie de l'un ou l'autre. Mais comme ça n'arrivera jamais, je conserve indistinct mon émerveillement pour le sourire d'un bébé et le regard d'un chien, comme deux manifestations singulières du vivant, de l'innocence et de la pureté initiale.

Qui est le promené ?

En forêt, tu as le sens du chemin. C'est-à-dire que tu identifies le code du sentier dans la configuration parfois anarchique du sol. Tu ne marches pas de manière complètement aléatoire, tu suis le fil qui se déroule en volutes. Tu respectes cette nomenclature. Bien sûr, tu ne l'exprimes pas comme ça, j'emploie cette formule délibérément ampoulée pour créer un effet comique (je suis un type assez marrant, tu le sais). Toi, tu suis simplement le chemin, et j'y vois de nouveau une forme d'intelligence. Car tu as bien interprété la forme créée par le passage répété, tu l'as assimilée à une direction probable que ton maître allait emprunter (ce que je fais à ta suite). Bref, tu as compris que c'était la voie à suivre.

Et même, tu recrées les segments manquants lorsque le sentier disparaît sous la végétation. Une lecture créative du sol, par déduction. Bien sûr, tu vas souvent folâtrer hors piste, c'est aussi ta nature profonde d'être infiniment libre, disruptif… Mais au moindre rappel, tu regagnes la ligne tracée comme un repère intangible.

Quand s'annonce une fourche devant nous, le chemin se divisant en deux, tu t'immobilises. Attends de voir quelle sera la direction de mes pas. Et quand le sens est clairement donné, tu files devant, fidèle au référent topographique. Jusqu'à la prochaine intersection. On n'imagine pas l'extrême attention dont doit faire preuve celui qui ignore tout de la destination. Chacune de nos promenades en forêt aiguise ton acuité.

*

Si les animaux se réfugient dans la répétition, c'est que celle-ci garantit leur survie dans la nature. Ainsi des « coulées » dans les bois, ces pistes, réputées sûres, que les bêtes sauvages empruntent régulièrement. Le chien n'y échappe pas. Il y a quelque chose de sécurisant dans le retour régulier des mêmes gestes, mêmes itinéraires. Il se sent en connivence, le moment est intelligible, et ce qu'il prévoit ou espère se produit, dans des conditions équivalentes. Le monde prend sens pour toi au cours de ces séquences répétitives qui effacent un instant l'imprévisibilité qui souvent prévaut. Certes, tu ne choisis pas, mais dans l'accompagnement éclairé de la répétition, tu éprouves une forme d'implication qui te place un peu plus aux avant-postes de la décision. Tu sais où on va, tu anticipes même. Cet espace de vie moins aléatoire te repose sans doute de l'extrême disponibilité au tout possible qui est ton lot, ce stand-by permanent.

*

Un de mes bonheurs : marcher sur un sentier et entendre dans mon dos ton galop lourd qui martèle le sol, de plus en plus près, jusqu'à ce que tu me dépasses comme un boulet en me frôlant les jambes, presque à me bousculer. Et tu poursuis, emportant au passage une partie de moi, aspirée par le souffle et qui jouit de ta puissance, de tes muscles tendus sous le pelage, comme si c'étaient les miens. Chacun de tes élans me rajeunit.

*

Une amie me confie que, pour elle, une promenade sans chien n'a pas de sens. Oui, je comprends. Votre présence gesticulante est notre point de mire, tu es mon poisson-pilote. Sans toi, aurais-je prêté attention à ce bout de mur moussu ou cet arbuste incongru ? Tu ne rates rien. Ton museau couvre le large spectre du chemin et, ce faisant, tu aspires ma conscience du moment dans la spirale des mille détails inédits. Qu'aurait-elle fait, cette conscience, sans ce petit aiguillon poilu ? Elle aurait rabâché intérieurement les préoccupations habituelles, les ronchonnantes perspectives d'avenir. Grâce à toi, elle s'est évadée de ma boîte de Pandore crânienne pour suivre la piste lumineuse de l'instant.

*

Je fais part à un ami dessinateur de l'attention particulière que tu consacres à mes faits et gestes, notamment quand ils signalent une possible sortie en promenade. Tu connais les codes : j'attrape les clés, ta laisse, j'enfile mes chaussures, un manteau… Tout ça est déjà acquis. Mais il me semble que tu peux même anticiper mon intention. Je vois bien que tu dresses les oreilles si déjà je prends le chemin mental de la porte d'entrée. On est à la limite de la transmission de pensée. Mon ami, qui est également propriétaire d'un chien, approuve en haussant les épaules et les sourcils. Lui, c'est pire : quand il dessine à sa table, il est sous le regard intense de son roquet qui le darde de ses prunelles incendiaires. C'est assez pénible, cette pression permanente. Et pour ne pas créer de fausse joie ou d'excitation vite déçue, il doit ruser. Ainsi, quand il veut aller nettoyer son pinceau à la cuisine, qui est dans l'axe de la porte d'entrée, il doit faire un grand détour afin de désamorcer d'emblée les espoirs de sortie. Je l'imagine réglant tous ses déplacements, sous la dictature de son petit roquet.

Comparativement, je me réjouis de ta bonhomie, toi qui vis dans l'acceptation permanente de ton sort, en bon stoïcien. Partir, rester… Sur ton front s'affiche ta devise en lettres de poils : « Tout est bien. »

*

Quand on se promène en forêt, il t'arrive de disparaître soudain à la poursuite d'on ne sait quoi, animal ou odeur. Jusqu'ici, j'attendais ton retour en sifflant ou t'appelant inutilement. Désormais, je lâche prise, je continue la promenade seul. Je ne dis pas sereinement, mais au moins je m'évite la colère de voir la balade interrompue par tes caprices. Hop donc, j'avance d'un bon pas, fulminant intérieurement, certes, mais comme si de rien n'était. Et invariablement, tu surgis des fourrés devant moi, l'œil halluciné, et reprends le cours du chemin, toi aussi comme si de rien n'était… Je découvre que tu as le don de me géolocaliser. Si j'avais su !

*

On t'emmène chez Valérie et Pierre, à la Fadaise, superbe maison qui donne, au bout d'une allée de pins, sur l'étang de Thau. Je t'observe gambader joyeusement sur les bords de l'étang, sauter dans l'eau peu profonde et créer de jolis sillages derrière toi. T'ébrouer puis revenir vers nous tout frétillant. Je me dis que tu as de la chance de nous avoir comme maîtres, car nous t'emmenons dans les plus beaux endroits. Et aussitôt, cette autre pensée : la joie qu'on t'offre, tu nous la donnes en retour. À te voir, j'en oublie les longues heures de voiture pour arriver ici. L'échange est équilibré, je dirais même qu'il y a un solde en ta faveur.

*

Week-end à Biscarrosse, chez Albéric et Valérie. Nous marchons sur la plage du lac, couverte de pins. Je te vois folâtrer à droite à gauche, comme tu sais faire. Et bien sûr, tout t'intéresse, cet arbre mort, ces gens qui pique-niquent, les vélos, les chevaux… Nous, nous devisons de choses humaines, je ne te raconte pas, ça te paraîtrait d'une grande futilité. Tu n'aurais d'ailleurs pas tort. Mais tout à la conversation, je mets du temps à réaliser que je ne vois plus, et ce depuis un moment, ta queue frétillante, que je surveille pourtant du coin de l'œil par intermittence. Je me mets à trotter, puis courir, en espérant récupérer le contact visuel… Mais non. Ce chien là-bas, ce n'est pas toi. Tu serais encore plus loin que la vue ne porte ? La panique m'envahit. On est hors de tout repère familier, en mon absence où irais-tu ? Je dois me rendre à l'évidence, après une marche forcée de vingt minutes : tu ne peux pas être allé si loin. Tout m'affole alentour : cette route à grande circulation qui longe la plage, ces gens partout, kidnappeurs potentiels, et toi, saisi par le stress, courant à ma recherche dans toutes les directions. S'ajoute à ça la perspective du retour, cet après-midi, dans la voiture des amis…

Mon cerveau turbine : je ne peux pas empêcher les amis de repartir, je ne peux pas non plus repartir sans toi… Le piège parfait.

Je me résous à faire le chemin inverse, en demandant partout qui aurait vu un chien blanc sable. Non, rien. Je nage en plein irrationnel. Si je résume, le plus calmement possible : nous sommes partis de la maison des amis, un lotissement de trois rues calmes à deux pas du lac. Nous avons traversé la route à grande circulation (je frémis) pour nous retrouver sur un chemin le long de la plage, sous les pins. Juste avant de revenir à l'endroit précis où nous avons franchi la route, je pose une dernière fois ma question à un plagiste. Oui, il a vu un grand chien blond traverser la route, ici même…

D'abord, j'accuse le coup, tu aurais pu mille fois te faire écraser. Second miracle, tu as retrouvé seul le passage vers le lotissement, après avoir décidé toi aussi de retourner sur tes pas ! Je ne peux m'empêcher d'éprouver un sentiment d'admiration pour ce choix et cette invraisemblable faculté de te souvenir du chemin exact. À l'aide de quoi ? L'observation ? Mais tu es au ras du sol, la vision globale est très réduite. L'odorat ? Sans doute. Mais alors là, chapeau !

Mémoriser un trajet par l'odeur, c'est mieux que n'importe quel GPS…

Encore faut-il que ce soit toi, le chien blond ! Je cours vers la maison le cœur battant à tout rompre. Tu n'y es pas ! Sonné, je reprends le chemin sans énergie. Au bout de la rue d'à côté, j'aperçois ta silhouette, que je reconnaîtrais entre mille. Tu renifles une poubelle, étranger au grand désordre créé. Toi aussi, tu me vois, et tu te couches au sol, redoutant la punition. Tu es revenu seul au point de départ, à une rue près, en territoire entièrement inconnu et ô combien dangereux. Alors, te punir ? Mais tu es un héros !

*

Sans toi, je ne ferais pas le dixième des longues marches que nous pratiquons de concert. Seul, je suis volontiers baladeur, mais à la première goutte de pluie, je tiens mon prétexte pour ne pas sortir. Mais comment t'expliquer qu'on reste à la maison, alors qu'il est 18 h 30, l'heure bleue, et que ton regard se fait plus intense, et ton tropisme vers le couloir d'entrée plus manifeste ? Alors on sort. Tant pis pour la pluie. Tu n'en fais aucun cas, évidemment, la pluie, c'est une caresse du ciel. La promenade au moins biquotidienne du chien est dans le contrat tacite entre toi et moi, et vaut pour tous les propriétaires de chiens. C'est ton moment. C'est la grande boîte qui s'ouvre sur le monde, c'est l'orgie de sensations. Je te la dois.

Quand je fais la somme des balades communes, des multiples recoins de la ville que j'ai découverts, de ces formidables sentiers de campagne dans lesquels jamais je ne me serais engouffré, je me pose cette question : de nous deux, qui est le promené ?

De quoi rêvent les chiens ?

Quand tu dors, je vois tes pupilles s'agiter. Est-ce que tu fais la différence entre rêve et réalité ? Pas sûr. Nous, nous connaissons la limite entre les deux, et son franchissement. Mais toi, à qui on n'a pas enseigné le concept et qui n'es que pures sensations, sais-tu que cette course folle derrière un lapin n'existe que dans ta tête ? Quand tu te réveilles, c'est un continuum de ressentis. Passer du lieu du rêve à celui de la réalité n'est même pas un sujet pour toi. Les transitions brutales sont ton lot quotidien. Alors, rêverie ou réel, tout se mélange, constitué de la même matière émotionnelle. Je comprends pourquoi tu peux passer de longues heures en appartement, sans neurasthénie. Dans ta tête de dormeur, tu t'es déjà baladé dix fois !

*

Je t'observe t'agiter dans ton sommeil. Manifestement, tu rêves. Mais de quoi peuvent être faits tes rêves ? Tu as si peu de vécu, pas de traumatisme, pas d'angoisse… Ton cerveau est-il déjà capable de fabriquer de la fantasmagorie avec quelques bribes de vie ? T'es-tu fabriqué un inconscient pour y stocker les désagréments et t'en faire la nuit un cinéma intime, ou est-ce l'apanage des humains ?

De quoi rêvent les chiens ? Zazie poursuivait le jour les oiseaux sur la plage qui se jouaient d'elle, en aboyant des petits cris d'agacement. Dans son sommeil, elle poussait les mêmes cris plaintifs. Tellement transparente.

*

Couché la tête sur le côté, tu as déployé ton oreille droite qui couvre le sol comme un petit tapis. On dirait que tu écoutes sous la surface. Tu me rappelles les Indiens dans *Lucky Luke* qui mettaient semblablement l'oreille sur la terre pour deviner qui arrivait et dans combien de temps… C'est un peu ça puisque, dès que je pose le pied sur le carrelage, tu ouvres les yeux et te redresses.

Je te découvre dans ta fonction de guetteur, en veille même dans le sommeil, usant de tous les instruments que la nature t'a offerts. L'ouïe attentive aux vibrations du sol, le nez qui identifie les nouveaux arrivants et, en dernier recours, les yeux pour valider les informations. Je me trompe lourdement à te croire assoupi quand tous tes capteurs de vie sont en éveil. Mon chien d'Apache.

*

Je t'appelle par ton nom, mais parfois je dis « mon chien ». L'autre jour, je suis au téléphone, et voilà que j'emploie le mot « chien » avec mon interlocuteur. Aussitôt, toi qui dormais, tu dresses l'oreille. Eh, dis donc, tu n'écouterais pas mes conversations ?

*

Je commence à mieux saisir comment fonctionne ton sommeil. Il m'est arrivé de l'expérimenter – en m'endormant à table au milieu d'une conversation. Je dormais vraiment, mais une forme de veille en moi saisissait tout de la conversation et savait qui parlait. Étrange, le cerveau. Toi, dans la journée, tu fonctionnes sur ce principe en permanence. Je vois bien que tu dors, mais tu sais à chaque instant où je suis, ce que je fais, qui est dans la pièce et où. Une réminiscence lointaine du chien de garde en toi, ou bien de l'époque ancestrale où de ce sommeil en veille dépendait la survie de ton espèce. Je suis stupéfait de toutes ces fonctionnalités que ton cerveau héberge encore, quand chez moi n'opèrent plus, me semble-t-il, que les acquis les plus récents. La technologie et le confort ont éradiqué cet héritage de la nuit des temps.

*

Je reviens de la forêt, où j'ai entassé des tas de branches tombées de la dernière tempête, avec une fatigue dans les avant-bras. Et je tombe sur toi, étendu de tout ton long sur le flanc, dans l'herbe tendre. Un doux soleil printanier te nimbe gentiment. Tu soulèves à peine le museau pour voir le nouvel arrivant puis le replaces dans sa position couchée, en soupirant. Je comprends le message que tu m'envoies à ton insu, car tu n'es rien moins que prosélyte : « Calme-toi un peu, viens t'allonger. »

À cet instant, je ne doute pas que c'est toi qui aies raison. Sur ton modèle, je m'allonge au sol, la tête entourée de brins d'herbe, le regard vers le ciel. Et je décide de faire le chien, la seule attitude qui m'apparaisse raisonnable. Les yeux fermés, je suis toi. Pas de pensée parasite, tout s'éteint. Viennent les sensations de l'air si doux, du vent comme une caresse, du ronronnement des insectes. Dans ma position verticale, je ne recevais rien de tout cela. Et voici que je plane dans ce demi-sommeil qui doit être le tien en ce moment, toi, mon guide de méditation. Et quand j'ouvre les yeux, un délicieux instant de non-être est passé par moi, que tu connais si bien car c'est ton état naturel, lequel a bien voulu me traverser moi aussi, par cette capillarité entre nous que j'appelle de plus en plus de mes vœux.

Aime ton destin

« Amor fati », accepter son destin. Ça te définit très bien. Jamais tu ne te diras : « Ah là là ! Encore six étages à monter pour rentrer à l'appartement, trois fois par jour, je commence à en avoir ras la casquette, pourquoi on n'habite pas au rez-de-chaussée ? » J'avoue que je le pense plus qu'à mon tour. Toi, tu attaques chaque fois les premières marches avec le même entrain. À aucun moment il ne t'apparaît que ça puisse être autrement. Le réel n'est pas négociable, tu le prends comme tel, sans chipoter ni chouiner. Bon, je commence à en avoir marre de tes leçons de vie, monsieur le philosophe à quatre pattes.

*

On se promène sur la colline de la Croix-Rousse, comme souvent. Soudain, notre voiture est là, garée sur le trottoir, j'ouvre le coffre arrière et tu montes dedans. Je dis « soudain », pour toi ! En ce qui me concerne, je savais très bien où j'allais, je n'ignorais pas que notre voiture était garée à cet endroit, et mon but était de partir à la campagne… J'avais toutes les clés (y compris celles de la voiture) pour appréhender la situation.

Si l'on s'en tient à ton point de vue, notre vieille Mégane Scénic grise est apparue à un endroit incongru, à un moment étrange, en pleine balade rituelle. Tu l'as pourtant reconnue et, sans la moindre stupéfaction, tu es monté dedans et nous sommes partis. Comme si présidait à tout ceci une logique que tu n'as aucun besoin de saisir. Ton univers est ainsi ponctué d'événements inattendus, précisément parce que tu n'attends rien. Tu vis dans une ouverture totale qui est pour moi un perpétuel sujet d'étonnement.

*

Pareillement, l'ascenseur pourrait être une énigme. On entre dans une petite pièce, la porte se ferme, ça secoue un peu. Et quand la porte s'ouvre à nouveau, ce n'est plus la même pièce, le décor extérieur est entièrement modifié. La réalité a changé pendant qu'on était enfermés tous les deux dans ce cagibi remuant. Stupéfiant, non ? Eh bien, non. Tu accueilles ce numéro de prestidigitation avec un flegme intact. Jamais surpris. Tu serais très bon dans la scène d'*Itinéraire d'un enfant gâté* où Belmondo demande à Anconina de ne pas avoir l'air étonné. C'est ta spécialité.

*

Nous sommes dans l'appartement. Je t'annonce une promenade. « Allez ! dis-tu, je suis partant. » (Je n'ai pas d'exemple où tu n'aies été partant.) Je descends les marches puis m'aperçois que j'ai oublié ta laisse. Remonte, ouvre la porte que j'avais fermée à clé, entre et ressors avec la laisse. Dans les escaliers, je réalise maintenant que j'ai laissé mon sac, celui des courses. On rembobine : remontée, ouverture de porte, ressortie… J'essaie d'imaginer ta lecture de la situation pendant tout ce temps. Penses-tu : « Il a encore oublié quelque chose ? Quelle tête en l'air ! » Ou bien : « Bon, c'est fini ce petit manège ? On y va ou quoi ? » Non, tu m'observes, serein. Aucun de mes gestes répétitifs et absurdes (montée, descente, remontée) ne t'interpelle. Tu supposes que je sais ce que je fais, tu ne doutes pas de la nécessité supérieure de mes atermoiements. Assis sur les fesses, tu assistes à cette agitation sans le moindre questionnement.

C'est ainsi pour tout : à tes yeux, j'ai les clés de l'univers. Point. Et toi, tu suis. Dehors, je pourrais soudain tourner en rond pendant une demi-heure, tu ferais de même. Et si je me mettais ensuite à marcher sur les mains en chantant du gospel, tu n'y verrais rien d'incongru. Ta confiance absolue dans la pertinence de mes actes m'émeut. Tu me rappelles mon fils, petit enfant, qui n'avait aucun doute, jamais, quant à la cohérence de ma pensée. Et pourtant, tous les deux, si vous saviez…

*

Je repense à ton premier vrai traumatisme. Ça se passe dans les ruines romaines derrière la cathédrale Saint-Jean à Lyon. Un type costaud avec une barbe blanche promène son chien, genre Husky, long poil blanc, très grand. Le type lâche son chien qui s'en va folâtrer plus loin. Toi qui aimes naturellement les gens, tu te diriges vers le propriétaire qui t'accueille bien. Tu t'enhardis, les pattes avant levées que tu poses sur ses épaules. Il trébuche légèrement en protestant. À cet instant, le gros chien blanc voit son maître vaciller sous ton gentil assaut – qu'il prend pour une attaque. Il fonce sur toi, te projette au sol et ouvre les mâchoires sur ta nuque. Pour la première fois, je t'entends lâcher une plainte aiguë. Le maître tente de retenir son chien, j'interviens aussi, et tu finis par t'enfuir hors des crocs du grand blanc.

Je te retrouve tout tremblant et couinant inhabituellement. Je lis dans tes yeux une totale incompréhension. Quelque chose d'étrange vient de se révéler à toi : la violence gratuite. C'est inconcevable, pour ton jeune cerveau qui n'a connu que la douceur et l'amour d'autrui. Jusqu'ici, tu avais été préservé de la hargne de certains chiens tenus en laisse que tu provoquais, persuadé qu'il s'agissait d'un jeu (tout n'est-il pas jeu, pour toi ?). Là, tu as compris dans ta chair que le monde n'est pas toujours bienveillant.

Compris ? Pas sûr. Plus tard, je te verrai tournoyer joyeusement autour de chiens écumant de rage. Incorrigible optimiste.

*

Un autre jour, tu reviens de balade avec une plaie au crâne. Je t'emmène chez le vétérinaire, qui doit raser les poils autour de la plaie pour la soigner. Et là, tu découvres quelque chose d'inédit en provenance des humains : la douleur ! Tu sursautes et je lis non la peur ni la haine : l'incompréhension. De nouveau, un sentiment étrange en totale rupture avec ton monde bienheureux, une effraction. Faudra-t-il qu'une fois sorti du cabinet tu révises tes fondamentaux sur la vie ? Non, dans la rue, la bienveillance du monde a repris son cours : sur ton chemin, les passants s'apitoient de ta blessure et redoublent de caresses. La douleur, c'était juste un intermède.

Tel maître, tel chien

Au marché, une propriétaire de chien prend son petit animal dans les bras en te voyant. Elle me reproche vertement l'absence de laisse. Je lui garantis que tu n'es qu'amour (enfin, je dis que tu es gentil), mais elle me répond sur un ton rogue qu'il suffit d'une fois. Donc une fois, subitement, toi, dont je n'ai jamais vu le moindre commencement de début d'agressivité à l'égard de quiconque et encore moins des chiens, tu pourrais être pris d'une folie subite, d'un retour de sauvagerie ancestrale, et te mettre à dévorer son bichon ? Je suis toujours désolé de cette dangerosité potentielle qu'on te prête, quand il suffit de te regarder dans le noir des yeux pour n'y voir que la bonté infinie et l'amour de ton prochain, fût-il petit roquet moche ou maîtresse acariâtre.

Dans une rue piétonne, même récrimination de la part d'un maître dont le chien retrousse sévèrement les babines en aboyant, sans entretenir de doute sur ses sentiments à ton égard. L'homme me dit que je suis irresponsable, car son chien est méchant et que le mien le provoque. Je note qu'il me parle sur le même ton que son chien vocifère. Je lui fais remarquer qu'il n'aurait pas dû prendre un chien qui lui ressemble. Ça fait double emploi.

On rencontre parfois des chiens qui ressemblent étonnamment à leur maître. La même allure. Parfois la même tronche. Ça me désole toujours un peu. J'ai l'impression que le chien a été vaincu, qu'il s'est rangé du côté du maître, qu'il s'est fait dévorer par la soumission qu'on exige de lui, au point de s'être aligné, d'être devenu un étrange et dérangeant miroir sur pattes. Le maître a gagné. Mais il n'a pas voulu saisir la petite folie animale qui s'offrait à lui.

En ce qui me concerne, j'accepte volontiers le « tel maître, tel chien ». Je te regarde, élégant dans ta robe couleur sable, et j'en suis bêtement flatté.

Il y a aussi le concept pour le moins méprisant de « chienchien à sa mémère ». Tout le monde a l'image en tête : une dame hors d'âge tenant au bout de sa laisse un minuscule roquet que tout effraie, aboyant à la moindre menace et portant une cape en tissu écossais. Moi, l'ami des chiens, je touche là mes limites. Mais un autre sentiment l'emporte in extremis : la compassion pour ce couple soudé par – quoi qu'on en pense – l'amour. Ce que l'un apporte à l'autre dans ce binôme inséparable est beau en ce sens qu'il transfigure une vie de solitude en un rempart contre la méchanceté du monde.

*

Je me prends à imaginer ce que serait ta version humaine. Un grand dadais nez au vent, sourire permanent, seulement soucieux de bonne entente entre les êtres, toujours prêt à rendre service, remerciant chacun à tout propos, blagueur sans une once d'ironie, incapable de se concentrer longtemps et s'endormant comme un bienheureux à peine au lit. Avec pour seul défaut de dévorer son assiette en dix secondes, sans prêter attention à la qualité… J'ai bien peur que, dans ce monde, on te qualifierait volontiers de benêt, n'inspirant que pitié ou commisération. Reste chien, mon Biloo, à l'abri des quolibets d'une société humaine pour qui gentillesse rime avec faiblesse.

Le savoir flair

Dans la forêt, je te vois partir en zigzag, revenir en arrière puis obliquer soudainement à droite, à gauche, toujours le nez au ras du sol. Sans aucune logique pour l'observateur extérieur. Tu es sur la trace d'un animal invisible et tu remontes la piste, même ancienne, avec une précision dont je suis jaloux. L'autre jour, tu m'avais perdu de vue, mais moi je t'observais, caché derrière un arbre. Le museau à la suite de mes pas, tu as fait exactement le même détour que moi, puis tu as filé tout droit et t'es arrêté net : mon odeur n'allait pas par-là ! Tu es revenu en arrière, as trouvé l'embranchement que j'avais emprunté et m'a retrouvé, pas plus fier que ça. Vous, les chiens, parvenez avec une simple truffe au même résultat que notre radioguidage par satellite, et vous restez modestes…

Ces parcours olfactifs sont ton quotidien. La truffe est ton outil le plus sûr, plus fiable encore que la vision pour nous. Les personnes que nous voyons au loin sont des formes, des enveloppes, des abstractions. Pour ton odorat, c'est déjà de la matière organique, très riche en informations.

*

Comment reconnais-tu les gens, même ceux que tu n'as pas vus depuis un moment ? Si ce n'est toi, c'est donc ton flair. Tu aurais sous ton crâne une bibliothèque d'odeurs, ou plutôt l'équivalent d'une mémoire d'ordinateur qui fait surgir les occurrences au moment des rencontres, en fonction de critères purement olfactifs. Classée peut-être selon la qualité de la relation. Amis ou ennemis. Mais comment ferais-tu le tri, toi qui n'as que des amis ?

*

À l'approche des berges, tu redoubles de puissance au bout de la laisse. Je dois m'y accrocher pour ne pas être emporté et traîné au sol sur dix mètres. En haut des escaliers qui y mènent, je te lâche enfin. Tu files avec gourmandise : alors, alors ? Quel copain va être là aujourd'hui ? Le petit frisé, le gros qui pue ? Parfois, il n'y a personne. Tu pars dans un sens puis l'autre. Aucun poilu à l'horizon. Je sens ta déception. Elle est de courte durée. Car ils sont là en fait, tes amis, virtuellement. Tu te mets à renifler partout, suivre leurs traces, récentes. Et tu fais quand même la fête à tes amis fantômes. Ton museau reconstitue un monde et ton imaginaire le fait exister. En fait, tu n'es jamais seul.

×

Une passante attendrie (une de plus) s'agenouille pour te caresser. Mais tu la snobes, tout occupé à renifler le sol, à droite à gauche. Je me sens obligé de m'excuser de ta désinvolture à son égard. Je lui explique que tu es concentré sur les odeurs du trottoir. Elle me dit comme une blague : « Ben oui, il lit ses mails ! »

Le bon mot a plus de sens qu'il n'y paraît. Eh oui, tu es comme la majorité d'entre nous le nez sur le portable à consulter les messageries. Le trottoir est ton écran, tu relèves les messages de tes correspondants-chiens qui, à leur façon, t'informent qu'ils sont passés ici il y a peu, et à travers leur odeur te renseignent sur leur santé, leur humeur, la qualité de leurs promenades et la direction prise. Qui prétendra que le contenu de ces mails olfactifs est moins important que celui des nôtres ?

*

Quand je sais que je ne verrai que toi dans la journée, je m'habille n'importe comment. Je déteste que mes habits signifient à mes pairs mon adaptation à l'époque (mode), ma personnalité (audace vestimentaire) ou mon goût délicat (style). Devant toi, rien de tout ça n'a de sens, enfin un collègue ! Quelle que soit ma tenue, tu ne verras en moi que l'essentiel. Même quand je suis nu, je ne redoute aucune attitude blessante de ta part, non, tu restes très naturel, c'est dire ton indulgence. Les gens, tu les juges à leurs odeurs, leurs humeurs, critères infaillibles pour un prince de l'odorat comme toi. Jamais trompé par les apparences.

*

Je refuse d'entrer dans ce discours qui voudrait privilégier les êtres humains par une sorte de corporatisme humaniste. Parce que je suis plus grand que toi et que je sais ouvrir le frigo, ai-je le droit de me considérer supérieur ? Tu es bien meilleur que moi, et de loin, dans tellement de domaines – à commencer par les sens, ta spécialité (tu n'es que sensations).

Ton odorat est cent mille fois supérieur au mien. Ta truffe contient 20 millions de cellules olfactives, et mon nez à peine 5 millions (quand je ne suis pas enrhumé). Tu es, paraît-il, capable de reconnaître l'odeur d'une goutte de vinaigre dans 50 litres d'eau ! Je ne sais pas bien à quoi ça sert, à part m'humilier un peu plus.

Pour l'ouïe, tu es plus modeste : tu as l'oreille seulement deux fois plus fine que l'homme. Tu perçois les ultrasons, d'où les sifflets pour l'apprentissage du rappel. Mais tu n'es pas capable de souffler dans un sifflet, alors que nous, si, et même assez facilement.

Quant à la vue, tu as certes une vision nocturne supérieure à la nôtre, mais tu es peu réceptif aux couleurs et aux formes. À distance, tu perçois les mouvements, mais moins bien les objets fixes.

Ta fourrure abondante te permet de courir nu dans la neige, ce que personnellement j'évite. Mais elle devient un handicap sous le soleil. Pour réguler ta température, il te faut alors hérisser ton poil et accélérer ta respiration pour augmenter l'évaporation de l'eau qui se fait… par la langue ! D'où cette langue pendant en permanence les jours de chaleur, un peu disgracieuse, avoue-le. C'est un phénomène auquel nous, les humains, échappons, et tant mieux pour notre dignité.

Là où nous prenons notre revanche, et dans les grandes largeurs, c'est dans le domaine du goût. Tu as des papilles gustatives dans les muqueuses de la langue du palais et du pharynx, mais à l'arrivée ton sens du goût est douze fois moins développé que le nôtre (douze fois, OK ?). Affirmer que tu n'es pas un gourmet est donc un euphémisme. Je t'ai d'ailleurs souvent vu te ruer sur la nourriture et l'engloutir en trois secondes, quelle que soit sa qualité. C'est toujours un peu désolant quand on veut te faire plaisir avec un morceau de viande haut de gamme. J'ai longtemps cru important de varier ta nourriture, en ajoutant de-ci de-là un petit extra – avant de comprendre que le mieux pour toi (et tes intestins) est une nourriture répétitive, sans surprise, rassurante pour ton organisme et ton esprit : ces mêmes croquettes que je fais invariablement venir d'Allemagne, bafouant mes objectifs personnels de décarbonation.

L'art de la fugue

Je fais de toi le portrait d'un ange. Et pourtant, tu as ta part d'ombre. Chien idéal sous tous rapports, faisant l'admiration de chacun, toutou de calendrier de la Poste, tu as néanmoins un défaut : tu es un fieffé fugueur.

L'une des premières fois : nous étions dans la maison d'Ardèche, sans aucune barrière ni grillage. J'ai toujours aimé l'idée d'un chien en liberté, ayant intégré les dimensions du domaine et n'en sortant pas, tel un propriétaire foncier arpentant fièrement ses terre – les chats font ça très bien. Mais la notion de limites territoriales t'est étrangère. Où s'arrête le monde ? Le monde ne s'arrête pas. Toi non plus, donc. Ce jour-là, j'ai été mortifié de ton attitude. Au retour d'une promenade, tu ne m'as pas suivi jusqu'à la porte. Tu m'as bien regardé, moi qui t'intimais sur un ton cassant l'ordre de rentrer immédiatement. Puis tu as fait demi-tour, m'a montré ostensiblement tes fesses. Plus je haussais le ton, plus tu accélérais dans l'autre sens. J'ai fini par courir bêtement à ta suite, en proférant je ne sais quelle vaine menace – rien n'y a fait. Tu as littéralement détalé, franchi les bornes de la propriété en même temps que celles de ma patience.

Le sentiment d'humiliation a été plus fort que l'inquiétude de te savoir lâché dans la nature. Écumant de rage (de petits nuages jaillissaient de mes narines, comme dans les bandes dessinées), j'ai parcouru les cinq cents mètres qui nous séparent du premier voisin, la maison en contrebas. Il y a là-bas une chienne volontiers joueuse. Tout ce qui te plaît. Bingo, tu étais bien là, à minauder auprès de la donzelle poilue. Je t'ai saisi au collet et signifié vertement toute ma réprobation.

J'aurais pu faire preuve de magnanimité étant donné le mobile de la fugue – le contage de fleurette, auquel je cédais volontiers lorsque j'étais moi-même un jeune chiot. Mais je me devais d'être inflexible, il y allait de ta sécurité (c'est du moins le motif que je me donnais). Avec le recul, je crois surtout avoir été blessé par ce mépris affiché pour mon autorité que je pensais naturelle.

Sur le chemin du retour, je t'ai traîné par le collier, en continuant de te sermonner. Je pensais avoir marqué le coup. Tu avais l'air repentant. Quel acteur ! Il n'en était rien. À la première occasion, tu refis ton numéro de fugueur désinvolte et je te récupérai au même endroit, même motif, même punition.

*

Toby me faisait le coup au début. Une fois, je l'avais retrouvé baguenaudant en galante compagnie dans la nuit noire, sans complexe. Je m'étais résolu à le faire castrer, puisque ses motivations s'avéraient, il faut bien le dire, uniquement d'ordre sexuel. Il est d'ailleurs possible que plusieurs chiennes des environs aient porté en elles le souvenir de ses visites de courtoisie. Combien de petits Toby ont repeuplé la lande à cette époque, avant que je ne mette fin à ces expéditions nocturnes ? Les effets de l'opération avaient été radicaux. Toby s'était ensuite contenté de veiller sur la maison, respectueux des limites naturelles du lieu. Ce fut donc malheureusement la solution pour toi aussi. Je dis « malheureusement » car je n'envisageais pas l'affaire de gaieté de cœur. Cette idée de mutilation m'est difficile, et aussi le fait que tu n'auras pas connu la sexualité, qui anime la grande majorité des espèces.

Rendez-vous est tout de même pris chez le vétérinaire, de mauvaise grâce… Tu chemines guilleret vers ce petit abattoir et fais la fête à tes futurs castrateurs. Je souffre de cette tartufferie, mais t'abandonne pour la journée entre les mains de tes bourreaux. Quand je te récupère, bien sûr, tu ne m'en tiens pas rigueur. Mais une mauvaise nouvelle m'attend, que je n'avais pas anticipée : tu vas devoir porter une collerette pendant dix jours, afin de ne pas arracher les fils de ta cicatrice.

La collerette est un petit cauchemar. Pour toi, d'abord, qui ne comprends rien à cette contrainte ridicule (il est vrai que c'est grotesque). Elle t'encombre, tu oublies sa présence et te cognes partout. Elle t'empêche de renifler le sol, de dormir dans ta position favorite, de te mordiller les démangeaisons du dos… J'en arrive à devoir te gratter moi-même ! Pour la première fois, je te trouve un petit air malheureux. Le chat, lui, te considère avec un profond dédain, consterné de cette nouvelle lubie.

Quant à moi, au cours de nos balades obligatoires dans les rues de la ville, je crois entendre les quolibets des passants et les questions des enfants à leurs parents sur l'étrange attelage que nous formons. On dirait que je promène un abat-jour sur pattes. Je décide de nous rapatrier dare-dare en Ardèche, où les témoins de notre humiliation seront bien moins nombreux. Mais là-bas, autre problème, tu cours partout dans la forêt, heurtes violemment les arbres (tu mesures mal ton volume dans l'espace). La collerette finit par voler en éclat, misère ! Tu vas te grignoter la cicatrice et tout sera à recommencer ! Je dois raccommoder le bazar en plastique avec du gros adhésif marron. Le résultat du rafistolage est plus lamentable encore.

Nous fêterons le dixième jour et le retrait de la collerette comme la libération de Paris.

*

L'été suivant, l'opération s'avère avoir été inutile : les motivations de tes fugues étant plus ludiques que sexuelles, tu as repris tes vieilles habitudes. Tu m'infliges deux types de fuites. Au cours de nos promenades en forêt, une folie te prend, ou alors un lièvre détale… et te voilà parti comme une fusée, avalé en deux secondes par la masse de sapins et de ronces, ne répondant aucunement à ma commande vocale. Comme si mes menaces étaient risibles – ce qu'elles sont. J'en suis réduit à t'attendre sur le bord du chemin, fulminant. Impossible de partir à ta suite, tu es déjà si loin dans cet univers inextricable. Impossible de continuer comme si de rien n'était, comment me retrouverais-tu ? Voilà ce que sont devenues nos balades, des moments de stress pour moi qui redoute de te voir filer à tout instant, puis d'attente immobile pendant au moins un quart d'heure. Jusqu'ici, tu as toujours fini par réapparaître, couvert de boue et le museau dégoulinant de bave. Je sens ton souffle court et ton haleine brûlante. De quels enfers ou paradis reviens-tu ? Et de nouveau, comment réagir ? J'opte pour la gronderie légère mais ferme, le museau dans ma main pour t'asséner ma désapprobation de manière pédagogue. Tu attends et, le mini orage passé, reprends ton dandinement sur le chemin, jusqu'à la prochaine fugue.

*

L'autre mode d'évasion est plus pernicieux. Tu es parmi nous autour de la maison, et tout à coup tu n'y es plus ! Disparu. Je ne sais même pas par où… Coup de fil sur mon portable : un animateur de colonie de vacances a trouvé mon numéro sur ton collier. Tu es de l'autre côté du vallon, va savoir comment tu as trouvé le chemin, probablement à travers champs. Je dois prendre la voiture, faire le tour du village par la seule route menant à ce qui s'avère être un camp scout. Tu y es très heureux, félicité, caressé, choyé et nourri, c'est le pire, par tous les scouts attendris. Quoi de plus attirant désormais que cet endroit ? Une fois de plus, je suis le père Fouettard qui te sanctionne et te fait monter dans la voiture pour un rapatriement sanitaire. Le lendemain, autre coup de fil, cette fois de promeneurs que tu te serais mis à suivre sans vergogne. Même opération d'exfiltration motorisée. Mais là, je me pose des questions : que se passe-t-il dans ta tête ? On te témoigne de la sympathie, hop, tu vas par là. Tu vois des gens qui marchent, hop, tu les suis, ce seront tes nouveaux maîtres. Y a-t-il une place pour l'ancien, celui qui te nourrit et te chérit ? Ou tout est-il réinitialisé à chaque nouvelle compagnie agréable ? Si je veux raisonner en mettant l'émotionnel de côté, l'explication est probablement que tu agis comme ça vient, sans réfléchir aux conséquences. De toute façon, ton maître tombera du ciel à un moment ou un autre et te ramènera au bercail.

*

Les punitions d'après fugue sont un casse-tête. Quand tu reviens seul, après une heure ou deux d'absence, que faire ? Te sanctionner durement, de la voix, voire de petits coups de laisse (quelle horreur !) ? Mais alors, tu ne fais pas forcément le lien entre la punition et la fuite. Plutôt entre la punition et… le retour ! On te punit parce que tu reviens, voilà ce qui risque de s'installer dans ta psychologie de chien. Quel intérêt à revenir si c'est pour se prendre une trempe, penseras-tu ? Mais si je ne te sanctionne pas, il n'y a aucun forfait, tu es accueilli à bras ouverts. C'est presque un encouragement à fuguer, open bar. Voilà dans quels dilemmes cornéliens me plongent tes disparitions-réapparitions. Sans compter que, la plupart du temps, je suis tellement soulagé de te voir revenir que je ne te gronde que mollement.

*

Qui es-tu, Biloo, que je découvre si peu attaché à moi, à notre maison, au mode de vie ultra privilégié que nous t'offrons ? Quand je dis « si peu attaché », désormais, tu le seras. J'ai opté la mort dans l'âme pour une chaîne quand nous sommes dehors autour de la maison, et pour une surveillance visuelle accrue.

Ça me gâche l'idée d'une maison de liberté où chacun vaque selon son humeur. On est tous perdants, mais toi, tu t'en accommodes, comme tu t'accommodes de tout.

Parole de chien

Les gens disent parfois des chiens : « Il ne leur manque que la parole ! » Surtout pas ! Si tu parlais, ce serait insupportable : « J'ai faim, j'ai faim, je veux sortir, je veux sortir, laissez-moi entrer, tu vas où, tu vas où ? » Parce qu'en plus tu répéterais souvent les mêmes choses, jamais lassé de demander ou de commenter. Le Grand Créateur de Toutes Choses, dans son infinie sagesse, vous a privés de la parole, vous les chiens. J'ai l'impression que vous l'avez saoulé.

*

Si on accédait à votre pensée, nous serions, nous les humains, totalement dépaysés. Ce qui nous troublerait d'abord : le probable silence. Pas de mots, de phrases en boucle, de « petite voix intérieure » ratiocinante. Juste une pure sensation parcourue de fulgurances. Et un principe qui la préside : l'immédiateté, la présence absolue. Une énigme pour nous, qui sommes tout l'inverse.

Sur Instagram, une nouvelle tendance met en scène des chiens et des bébés. Il faut les voir, collés l'un à l'autre, se considérant sur un pied d'égalité, dignes de la même attention et des mêmes élans amoureux. Il y a une évidence dans leurs câlins mutuels, cette communication directe strictement corporelle. Ils se comprennent sans un mot – peut-être parce qu'ils sont deux êtres d'avant le langage.

*

Ton regard divague puis tombe sur moi. Immédiatement et sans autre raison, tu remues la queue. Je ne m'habitue pas à ce phénomène, cette lisibilité de tes sentiments. C'est une autre de tes qualités inouïes au regard d'une époque où les pratiques sociales dominantes sont la dissimulation, le quant-à-soi, le mutisme affectif… Celui qui se dévoile trop tôt a perdu. Ton incapacité foncière à masquer quoi que ce soit de ton ressenti ferait de toi une victime plus souvent qu'à ton tour… Et un bien piètre joueur de poker.

*

Toi et les tiens n'êtes pas dotés d'un visage mobile qui permette une grande variété d'expressions. Je t'en connais pourtant plusieurs qui contrediraient les contempteurs de vos faces canines, prétendument monolithiques. La plus divertissante est incontestablement cette tête inclinée soudain sur le côté, avec les oreilles relevées, signe de surprise, d'incompréhension, d'étonnement. C'est ce que vous produisez de plus lisible, avec le retroussement des babines découvrant les dents – mais ça, je ne t'ai jamais vu faire. J'aime aussi quand tu m'interroges d'un regard plein d'une joyeuse incrédulité et qui attend confirmation : on va se promener, sans déc' ? J'aime cette supplique droit dans mes yeux, d'une intensité folle, pour l'obtention d'un simple câlin. J'aime encore, bien qu'elle me brise l'âme, cette lueur résignée dans ta pupille, la paupière tombante, si je quitte la maison sans toi. À quoi bon les mots ? Les sentiments voyagent tout autant dans tes regards, de cœur à cœur.

*

Quand je parle de télépathie entre toi et moi, c'est très subtil. Parfois, tu es juste assis sur tes fesses et me regardes, sans rien de particulier, sans insistance. Je pourrais passer devant toi sans le remarquer, d'ailleurs d'autres moins connectés le font. Moi, quelque chose m'alerte. Un signal semble émaner de toi et me dit, tranquillement, sans reproche : « Au fait, c'est pas l'heure de manger ? T'aurais pas oublié ? » Si ! J'allais passer à autre chose, commencer la journée en zappant cette étape capitale dans ta vie : la gamelle. Et j'aime bien que tu me le fasses remarquer de cette façon discrète, non culpabilisante. Juste un regard étonné. D'autres auraient tournoyé, sauté sur leurs pattes arrière, mis le museau dans la gamelle vide (mode de communication primitif). Je trouve dans ton attitude en retrait une forme de politesse. Et quand il m'est arrivé de vraiment l'oublier, tu es allé te coucher, résigné mais pas rancunier (connais-tu même ce concept ?) : je devais avoir une raison supérieure de ne pas te nourrir, il ne t'appartenait pas de me juger.

*

On accuse souvent le chien d'être violent et maladroit dans ses jeux. Je t'observe pourtant t'approcher des nourrissons avec une infinie délicatesse, entourer de ton attention un enfant à ta hauteur qui marche à peine et que tu pourrais faire valser d'une chiquenaude.

Tu sais aussi instinctivement la limite à ne pas dépasser. Quand tu joues à mordre un congénère (vous adorez ça, vous pourriez vous mordiller le cou pendant des heures !), on sent que tu modules le resserrement des mâchoires, pour ne pas trouer la peau ou l'égorger par inadvertance. Et cette modulation, c'est le début de la nuance, dont on vous dénie souvent la capacité. Tu sais où est le jeu, tu sais où commence la violence. Et j'admire comme tu régules avec précision la puissance de cette arme létale que sont tes deux mâchoires sévèrement dentées.

*

Un mot, par moi formulé, entre par le conduit de ton oreille, puis atteint ton cerveau qui va le décoder. « Viens ! Reste là ! Tu as faim ? On va se promener ? » Des mots anodins ? Non, un lien magique qui abolit toutes les incompréhensions entre nos deux genres au passé tumultueux. La connexion se fait par le biais de ce que l'homme a créé de plus sophistiqué et que tu reçois complaisamment, bien qu'il soit étranger à ta culture : le langage articulé. Par ces simples mots, j'ai accès à ton intelligence, tes émotions, tu as accès aux miennes. Je ne m'en lasse pas.

*

Quand les gens veulent s'adresser à toi, ils me demandent quels mots tu connais. Je m'aperçois qu'il y en a très peu. J'utilise surtout le regard en m'adressant à toi comme à une personne. Je leur dis de te parler normalement, que tu vas percevoir leurs intentions si elles sont claires. Mais ils te parlent comme à un bébé, avec des verbes non conjugués et force gestes désordonnés. J'ai l'impression de voir des touristes à l'étranger – ce qu'ils sont en pays canin.

Ou alors, de leurs mots qu'ils croient justes ils t'envoient des informations indéchiffrables, en toute bonne foi et sans conscience de leur anthropomorphisme. Par exemple, ils t'annoncent qu'ils te trouvent bien gentil, en te caressant… mais ils souhaiteraient que tu t'éloignes le temps qu'on mange. Pour ce faire, ils utilisent la conjonction « mais » qui introduit une contreproposition, annihilant le premier message, et imaginent que tu vas les suivre dans ce rétropédalage sémantique, informé que tu serais du revirement qu'implique une conjonction d'objection.

Je soupire de cette incompétence en matière de grammaire animale. L'esprit du chien réclame une seule proposition claire et intelligible. Par exemple, un lapidaire « non ». Ce n'est pas une limitation de ton intelligence, mais au contraire un encouragement à ne pas enrober les choses d'afféteries de langage que, dans ton urgence à vivre et ton désir de l'essentiel, tu qualifierais de scories – si tu pouvais parler.

*

Il en faut beaucoup pour me faire rire. Je ne suis pas un rieur complaisant. Ce qui fait ma joie : la dérision, la parodie, l'absurde. Ce qu'on pourrait qualifier d'humour sophistiqué. Et pourtant, toi qui es ô combien dépourvu de tous ces artifices, chaque jour tu me fais rire. Ta bonne bouille désarmante, tes yeux tout ronds, ton museau effilé et tes oreilles tombantes ou montantes, c'est selon, me font m'esclaffer franchement. Au jeu du « je te tiens, tu me tiens par la barbichette », je perds à tous les coups.

Comment se fait-il que moi qui suis si exigeant en matière de poilade, je cède à tes vieilles ficelles d'ingénu ? C'est un peu comme si tu me nettoyais de toutes les affectations et me ramenais aux origines du rire, la bonne vieille tarte à la crème de nos ancêtres. La simplicité en tout, ta seule philosophie.

*

La langue française regorge d'expressions avec le mot « chien ». Mais curieusement, celles-ci ont toutes un sens négatif, le chien apparaissant tantôt comme un repoussoir, tantôt comme un symbole de misère et de souffrance ! Qu'on en juge : un caractère de chien, un air de chien battu, un chien dans un jeu de quilles, un mal de chien, je te garde un chien de ma chienne, se regarder en chiens de faïence, temps de chien, chienne de vie… Sans oublier la page des faits divers dans les journaux, longtemps surnommée sans pitié « rubrique des chiens écrasés ».

Cette rhétorique péjorative témoigne de l'imagerie populaire longtemps associée à la gent canine, celle d'une espèce négligeable et dérangeante. À présent que le chien est devenu un compagnon de vie célébré, que sa qualité de meilleur ami de l'homme est reconnue, il serait temps de renouveler le répertoire.

De tout ce fatras indigne, je retiens cette expression qui qualifie une fille au caractère bien trempé et au physique hors du commun : « Elle a du chien. » Quand je te regarde, mon Biloo, je trouve que tu as du chien. Mais bon, c'est plus facile pour toi.

*

Ce matin encore, c'est notre rituel, je te prends par les épaules avec beaucoup de solennité, et te fixe droit dans les yeux pour te redire l'importance que tu as dans ma vie. Je te décris les sentiments profonds que tu suscites en moi et, pour finir, te remercie d'exister. Tu me renvoies alors un regard plein d'attention.

On peut trouver cette déclaration parfaitement ridicule et prétendre que tu n'entends rien à ma phraséologie énamourée. Mais les ondes fragiles qui passent par mes yeux et mon sourire, tu les captes… Et le sens de ces mots terrestres, ton âme animale les saisit. J'en fais le pari, qui ne connaît pas de perdant.

Le chien, animal politique

Avec tes semblables, tu es un chien incroyablement peu dominateur. À la première rencontre canine, ton seul souci est de jouer, quelle que soit la race en face, sans préoccupation de mettre l'autre au pas, de lui montrer qui c'est Raoul. J'aime aussi que tu n'aies aucune volonté de marquer ton territoire en repissant sur le pipi d'un autre. Ton territoire, c'est la Terre entière, que tu partages bien volontiers.

*

Tu identifies un congénère en deux secondes de reniflement du trou de balle. OK, c'est bon, tu sais à qui tu as affaire. Ami, ennemi, tout est là, dans l'ultime rondelle, quand nous, humains, avons besoin de cartes d'identité et de bases de données. Je rêve de contrôles policiers en forme de reniflement d'anus sur des individus le pantalon au bas des chevilles – je gage qu'il y aurait beaucoup moins d'excès de zèle.

*

Doté d'un bagage scientifique peu développé qui m'autorise néanmoins les approximations, j'ai pu observer lors de mes voyages le statut du chien en Afrique. Ceux que j'y ai vus redoutent le contact avec l'homme et vivent isolés ou en bandes. Toujours rejetés, peut-être concurrents historiques dans la course à la nourriture ou perçus comme porteurs de saleté – ou encore victimes du concept religieux de l'impureté ? Les chiens sont aussi interdits dans les églises en France. Cependant, la façon dont nous les considérons en Occident comme des animaux de compagnie, dignes de respect, d'amitié, d'amour, paraît tout à fait étrange, voire incongrue en Afrique. Cette fraternité peut même révolter dans un monde où les inégalités sont flagrantes. Je me souviens du sentiment d'injustice de réfugiés découvrant à la télé une publicité dans laquelle la nourriture des chats leur était servie sur des plateaux d'argent…

*

Dans la civilisation celte, qualifier quelqu'un de chien, c'était rendre hommage à sa bravoure. Chez les musulmans, en revanche, c'est un être perçu comme obscur, donc impur. Pour le mécréant et ami des chiens que je suis, j'avoue que l'expression « chien d'infidèle » est un double compliment.

*

Certains chiens sont utilisés par les humains dans le cadre de luttes idéologiques qui les dépassent. La chienne Laïka, héroïne de la conquête spatiale, a ainsi participé, à son corps défendant, à la propagande soviétique. Elle est devenue, le 3 novembre 1957, le premier être vivant envoyé dans l'espace. Officiellement, elle serait morte d'un poison mélangé à sa nourriture pour lui éviter de souffrir lors du retour dans l'atmosphère. En réalité, Laïka, terrifiée et brûlée par les radiations solaires, a vécu une agonie de cinq heures. En 1998, le responsable de la mission, Oleg Gazenko, a exprimé ses regrets, d'autant que les enseignements scientifiques de l'expérience ont été nuls.

*

Le chien, héros de la lutte antiterroriste : le 18 novembre 2015, la chienne Diesel, « Malinois d'exception », a perdu la vie en mission. Envoyée en repérage dans l'appartement de Saint-Denis où étaient retranchés les terroristes islamistes responsables des attentats du 13 novembre, elle a été abattue par balle dès qu'elle les a trouvés. Sa mort a ému les internautes et des pétitions ont circulé pour que lui soit remise une médaille posthume. On peut trouver le terme « courage » usurpé, car le comportement de Diesel était l'application stricte d'un entraînement. Mais elle ne peut pas ne pas avoir senti le danger mortel dans le comportement des tireurs embusqués. Comment appeler cet élan d'y aller quand même ? La confiance en ses maîtres, mais aussi ce courage tout particulier que les animaux manifestent face à la mort.

*

Le chien sert parfois à envoyer un message, à la manière d'un vêtement. Sa race dit la classe sociale de son maître, l'image que celui-ci a de lui-même ou qu'il veut renvoyer. Le chien « aristocratique » est une belle carte de visite. Le chien de chasse en est une autre. Le rottweiler envoie aussi un signal que le maître souhaite limpide : mes valeurs sont la défense par l'attaque, la virilité, le respect de l'ordre par la menace. Passe ton chemin, étranger !

Et ce message peut s'avérer politique – c'est frappant dans le cas des présidents de la République. Sous la Ve République, ils ont souvent affiché leurs toutous. À noter : aucun chat n'a été recensé à l'Élysée, le félin félon n'étant pas réputé pour sa discipline ni la clarté de sa ligne idéologique. Il est associé à une image pantouflarde plus que viriliste, sournoise plus que transparente : ce n'est pas payant en politique.

La tradition quasi républicaine quand on est à l'Élysée est d'adopter un labrador, race de chien censée incarner une certaine idée de la France : solidité, sagesse, placidité, intelligence, agilité… Le premier chien présidentiel fut ainsi le labrador de Georges Pompidou, Jupiter. Son successeur, digne compagnon de Valéry Giscard d'Estaing, dont le patronyme fleure bon la noblesse, fut quant à lui un braque de Weimar, Jugurtha, à qui le président ne s'adressait qu'en anglais.

Le plus célèbre labrador est sans doute celui de François Mitterrand, Baltique, qui a vécu deux septennats, a assisté à l'enterrement de son maître et dont la statue garde la tombe de l'ancien président au cimetière de Soustons. Le chanteur Renaud lui a consacré une chanson :

> L'amour dans le cœur d'un chien
> C'est le plus grand amour qui soit
> Un jour pourtant, je le sais bien
> Dieu reconnaîtra les chiens.

C'est aussi avec un labrador, Maskou, que Jacques Chirac est entré à l'Élysée, où le chien fut exceptionnellement enterré. Avant d'être remplacé par un minuscule bichon maltais nommé Sumo en raison de la passion du président pour cet art martial japonais.

Nicolas Sarkozy, lui, avait à ses côtés un trio : Clara, Dumbledore et Toumi qui, dit la légende, auraient rongé le mobilier napoléonien, causant des réparations de presque 7 000 euros.

François Hollande a dérogé à la règle en arrivant à l'Élysée sans chien. Erreur réparée deux ans plus tard avec Philae, petite chienne… labrador.

Emmanuel Macron, dans son style « disruptif », a adopté en refuge un bâtard, croisé labrador et griffon : Nemo. Celui-ci restera célèbre pour avoir été filmé en train d'uriner sur une cheminée au cours d'une réunion présidentielle.

De l'autre côté de l'Atlantique, il est fort mal vu de ne pas avoir de chien lorsqu'on est président. Donald Trump ayant déclaré qu'il n'avait ni le temps ni l'envie d'avoir un chien à la Maison-Blanche, ses détracteurs ont fabriqué des tee-shirts indiquant : « Il n'a même pas de chien ! » Traduction : il n'a pas de cœur.

À la rue

La Gamelle est une association qui aide les sans-abris à nourrir leurs chiens. On n'imagine pas l'importance que ce compagnonnage revêt dans leur vie. On les soupçonne souvent d'utiliser leurs animaux pour attendrir le passant, le forcer à donner une pièce. Bien sûr, il y a une part de ça. Ces petites bêtes ont un potentiel de séduction que leurs maîtres n'ont plus. Mais jamais il n'y aura de maltraitance, selon un animateur de l'association : « Souvent, ils nourrissent leurs chiens avant eux-mêmes. » Les animaux sont les dernières présences à leurs côtés. Le chien n'accorde pas son affection à l'aune de la « respectabilité » du maître. En cela, il est le premier défenseur des droits humains : pour lui, nous sommes tous égaux, quelle que soit notre origine ou notre classe sociale.

L'animateur de La Gamelle me cite le cas tragique d'un SDF que l'on avait privé de son chien parce qu'il n'était prétendument pas capable de s'en occuper : « Le type s'est suicidé… » Ce qui me choque d'emblée, c'est qu'on ait pu séparer le sort du chien de celui de l'homme. Privilégier l'un, oublier l'autre. Dans le sens inverse, j'aurais également été heurté. On ne peut pas diviser l'élan d'empathie. Dans la rue, l'homme et le chien sont deux âmes jumelles.

*

Balade urbaine. Un migrant (je présume) t'aperçoit, son visage s'éclaire. Il t'appelle dans sa langue inconnue. Tu files vers lui, évidemment. Il rit de bonheur. Te fait la fête. Puis te laisse repartir. Moi, je lui dis bonsoir en le quittant. Il ne me répond pas, ignorant mon langage. Par contre, le tien, il l'a bien compris.

*

Cette femme qui vend des journaux de rue sur le pont… Elle vient vers moi en souriant. Non, c'est à toi qu'elle sourit. Bien sûr, tu l'accueilles sans a priori. Je remarque le bonheur qu'elle a de fourrer son visage dans ton cou, dans un contact physique qui lui fait peut-être défaut par ailleurs. Le regard joyeux que tu lui adresses, le coup de langue qui suit lui redonnent une part d'amour envolée.

*

Gare de Lyon-Perrache, un jeune homme noir assis au sol, visiblement sans abri, t'aperçoit. Il t'appelle à lui et, quand tu es à sa portée, il t'étreint très fort. T'attrape les oreilles et rit. Toi, bien sûr, tu laisses faire, tu fais ton métier de golden. L'ami des gens. Il te serre de nouveau dans ses bras puis te relâche. Tu files vers moi, ta mission humanitaire accomplie. Lui me jette un regard furtif dans lequel j'ai le temps de lire ceci : « Je sais bien que je ne suis pas le bienvenu à faire ça avec ton chien, nous ne sommes pas du même monde, les gens comme moi n'y ont pas droit, mais je l'ai fait quand même, j'ai volé ce moment, tant pis, c'était plus fort que moi. »

Si tu savais, l'ami, la petite joie que me procure ce chien quand il va spontanément vers les gens qui pensent ne pas y avoir droit ! Le bonheur qu'ils ressentent au contact de cette boule d'amour est aussi le mien. Loin de vouloir le garder pour moi, je voudrais des brigades de Biloo à travers la ville, traquant le malheur et l'abandon pour offrir sans condition de petits moments de grâce animale. C'est la fonction première de tous les chiens de la Terre : consoler.

*

Je suis à un festival littéraire, dans un grand gymnase. Immédiatement, la vedette, c'est toi. Je renonce à rivaliser. Tu vas visiter chaque stand et collectes ta dîme de caresses, puis retournes te coucher au milieu du passage. Les visiteurs doivent t'enjamber ou te contourner, ce n'est pas ton problème. Ta devise : « Chez moi partout. »

Puis tu te lèves pour une nouvelle tournée de câlins. J'aime comme tu traites de la même indolente façon l'auteur oublié derrière sa table et la star du petit écran dont la notoriété lui assure une belle file d'attente. Les deux s'émeuvent pareillement de cette truffe posée sur leur cuisse et de ton regard d'amour. Par leur semblable émerveillement, ils sont égaux et retrouvent cette qualité d'être que le succès ou son absence n'ont pas entamée.

*

Tu cours sur la passerelle au-dessus du Rhône, sans laisse, bien sûr, c'est fini ça. Tes bonds sont désordonnés mais témoignent de ta soif de vivre, d'autant que tu jappes de bonheur la langue au vent, la truffe en l'air. On sort tout juste d'une journée d'immobilité à l'appartement. Tout ton corps exsude cette libération des sens. J'observe les promeneurs que nous croisons. Aucun n'est indifférent. Plus qu'à l'accoutumée, tous s'arrêtent et t'observent rebondir avec ce bruit lourd que font tes quatre pattes sur le sol en fer. Et comme toujours le sourire est là, sur les lèvres de chacun, radieux. Je vois mieux maintenant ce qui les touche : le spectacle que tu offres est celui de la joie à l'état pur, la liberté et la jouissance de l'instant exprimées sans limite. Il réveille notre sensation ancienne venue des territoires perdus de l'enfance.

Mon chien littéraire

Dans le jardin archéologique qui jouxte la cathédrale, tu gambades entre les vestiges romains, sur les traces d'une ancienne église, sautes par-dessus les murets antiques… Sans aucune considération pour la densité historique du lieu. Non, toi, ce qui te passionne soudain, c'est cette branche au sol. Elle résiste, dessine des arabesques quand tu la secoues ou la tires en tous sens… En plus, elle fait du bruit… Un vrai compagnon de jeu ! Je te vois maintenant lui tourner autour en grognant, puis aboyant. Avant de l'attaquer par l'autre flanc. Tu roules sur le dos en la saisissant entre tes pattes et jappes de nouveau. D'un rien tu fais un sujet de jeu.

Je comprends surtout que cette branche est pour toi animée d'une vie propre, sous tes coups de boutoir. Tu lui prêtes des intentions malignes, puisque tes jappements sonnent comme des mises en garde, des rappels à l'ordre. Tu t'en es fait une ennemie à terrasser. Cette branche, tu l'as réinventée, comme Rimbaud transformait par l'imaginaire un bout de bois dans un ruisseau en bateau ivre. Je te considère soudain d'un autre œil. Ce matin, je te trouve furieusement rimbaldien.

*

Cette histoire de fiction est un vrai sujet. Nous autres humains nous en arrogeons assez facilement l'exclusivité. Nous serions des créatures vouées à la culture, et les autres espèces à la sauvagerie. À nous les histoires scénarisées et les grands mythes fondateurs. Aux bêtes (déjà, le mot…) une existence sans quête de sens, dépourvue de narration.

Je t'ai pourtant vu infliger à cette idée suprémaciste un autre et tout aussi cinglant démenti. De nouveau parmi les ruines romaines (dont tu n'as définitivement cure), je te vois courir en zigzag le museau au sol. N'es-tu pas à cet instant le lecteur érudit de la narration contenue dans les odeurs ? Ton imaginaire sollicité par les sens (une autre définition de la littérature) n'est-il pas en plein exercice, fourbissant dans les replis de ton cerveau mille histoires fraîchement racontées par les pattes d'autres chiens, d'autres acteurs, par les reliefs invisibles de repas, la visite d'humains aux étranges senteurs ? Ne te repasses-tu pas le récit odorant du passé récent, comme un lecteur la description romanesque d'un lieu et des personnages qui le fréquentent ?

La pauvreté de notre odorat humain ne permet pas d'accéder à tous les raffinements du scénario qui se joue dans la cervelle du chien – une histoire dont la puissance évocatrice vaut peut-être toutes les *Madame Bovary* du monde. Alors, qui est le plus fin, l'homme ou la bête ? N'aurait-on pas exagérément limité le périmètre de la culture ? Décidément, quel manque de flair…

*

Sous l'auvent de la maison d'Ardèche, j'assiste à une scène édifiante qui met un terme à ce débat sur la culture canine et la culture humaine. Tu vas discrètement jusqu'au tas de bois. Tu observes longuement tous les petits rondins empilés. Puis délicatement, du bout des dents, tu en extrais un qui a tes faveurs, pour aller un peu plus loin le grignoter tranquillement, bien tenu par tes pattes.

Je vois dans ton attitude celle du lecteur qui choisit un livre dans un rayonnage de bibliothèque selon le dos, l'attire vers lui par le doigt, puis va le lire confortablement dans un fauteuil. Un bout de bois, un livre, lequel contient la meilleure fiction ? Le lecteur et toi, fins lettrés animés par le bon goût, vous la dévorez.

*

Il me faut relativiser la comparaison homme-chien à propos d'un genre artistique : l'humour. Non que tu en sois dénué. Mais disons que, là, je ne mettrai pas d'équivalence entre la sophistication atteinte en la matière par l'esprit humain et ta pratique du genre – plus fruste, dirons-nous, ton humour consistant essentiellement à proposer un bâton puis à te retirer quand on veut le prendre. Pas mal, mais ce ne sont que les prémices de la discipline, une sorte de paléolithique de la drôlerie. Et comme tu es un adepte du comique de répétition, je fonde peu d'espoirs sur la perspective d'une évolution de ta part jusque dans les hauteurs où nous sommes parvenus, nous : parodies, dérision, deuxième degré et tutti quanti. Pardonne cette immodestie. Et arrête avec ce bâton, ça devient lourd.

*

Le chien n'est jamais ridicule. Il peut susciter le rire ; mais toujours un rire d'attendrissement. La moquerie, non. Même s'il dérape sur un sol gelé, il restera élégant et digne, se redressant comme si de rien n'était. En revanche, dès que l'humain s'en mêle, c'est fini. Sur Internet, on peut assister à une véritable surenchère de déguisements grotesques. Le chien se prête au jeu, bien sûr, bonne patte. Mais on le sent un peu tristoune sous le chapeau à fleurs ou dans le costume grotesque qu'on lui a taillé sur mesure. A-t-il la prescience qu'il n'est pas respecté ? Plutôt que rire, moi, j'ai envie de pleurer. C'est la ligne rouge à ne pas franchir dans la relation avec un animal (avec la violence, bien sûr) : profiter de sa complicité naturelle pour pervertir sa nature.

La pire version du chien, c'est parfois son maître.

*

Il y a un domaine où tu excelles, alors que mes congénères qui y réussissent sont plutôt rares : l'art dramatique. Aucun humain ne saura jouer comme toi la tristesse mâtinée de résignation et de regret éternel d'où surgit malgré tout une étincelle d'amour quand tu es puni pour un fait grave et vas te coucher en rond, le museau sur les pattes, en adressant un dernier regard d'infinie désolation à ton ci-devant punisseur.

On peut penser qu'il s'agit d'un talent naturel, et non d'un jeu de comédien. Pas sûr. Se cache peut-être un désir de se faire pardonner, d'attendrir… Une intention dramatique, donc. Auquel cas, chapeau l'artiste ! Car, trop bon public, je suis chaque fois à deux doigts d'applaudir.

Fais pas ton cinéma

Pour trouver un film qui transcrive la vraie nature des chiens, il faut aller voir du côté de l'excellent *Didier*, film où Alain Chabat incarne un labrador devenu homme. L'acteur et réalisateur a confié bien comprendre les chiens, pour les avoir beaucoup fréquentés. Et de fait, son interprétation du chien Didier est des plus fidèles : il tente de gober des mouches, tourne en rond sur lui-même avant de se coucher… sans oublier cette tendance, embarrassante quand on a l'apparence d'un humain, à « renifler le cul des filles ».

Récemment, on a pu remarquer une autre vedette canine au cinéma : Messi, qui joue Snoop dans le film *Anatomie d'une chute*. Son jeune maître est aveugle, et Snoop est l'un des protagonistes qui fera avancer la vérité. Pour la promotion du film, qui sera récompensé aux Oscars, il a fait le voyage à Hollywood. Après deux jours de rencontre avec la presse, il s'est rendu à la cérémonie nœud papillon au cou, ce qui lui a valu les compliments du présentateur.

*

Aux amateurs de chiens je ne recommanderais pas *Hatchi*, avec Richard Gere, très bon film mais trop triste : c'est la véritable histoire du chien japonais Hachiko qui, pendant des années, chaque jour à la même heure, attendait son maître à la gare de Shibuya. Il a gardé cette habitude quotidienne même après la mort de celui-ci. Ce chien assis sur ses pattes arrière dans l'attente d'un maître qui ne viendra plus, c'est trop dur pour moi.

Je déconseille aussi *White God*, une parabole sur la Hongrie de Viktor Orbán : les chiens qui ne sont pas de race pure sont persécutés, ils finissent par former une meute et se révolter contre les hommes. Le chien rendu à l'état sauvage : une autre image difficilement supportable pour ceux qui, comme moi, croient naïvement en sa bonté naturelle…

*

Certains chiens du grand écran viennent au départ de l'univers de la bande dessinée, mais il me semble que ceux-ci sont bien souvent des caricatures anthropomorphes. Idéfix, le chien d'Obélix, a une conscience écologiste avant l'heure : il pleure dès qu'un arbre tombe ; Milou, le compagnon de Tintin, est en proie à une culpabilité très judéo-chrétienne incarnée par un Milou angélique et un Milou diablotin qui le tourmentent à chaque prise de décision ; et Rantanplan, dans *Lucky Luke*, est un gaffeur façon Pierre Richard. Je n'ai jamais vu un chien qui lui ressemble de près ou de loin. Maladresse et chutes sont l'apanage de l'homme. De même, un chien comme Snoopy, couché sur le dos sur le toit de sa niche et philosophant à tout-va, est une extrapolation assez lointaine des pratiques du canidé, possiblement philosophe, certes, mais au sol et en silence.

*

Tu es le chien le plus câlin que je connaisse. Si je m'accroupis, tu viens carrément t'appuyer contre moi ou poser ton museau dans mon cou – et ce traitement ne m'est pas uniquement réservé, tout le monde y a droit. Tu apprécies les caresses en connaisseur, tu en jouis effrontément, parfois même en les ponctuant d'un grognement de plaisir, soufflant et salivant. Je n'aime pas trop que tu sollicites la caresse en passant le museau sous la main et en la soulevant – ce qui s'appelle littéralement forcer la main. Alors tu utilises une autre technique, à peine moins manipulatrice : assis sur les fesses, truffe pointée vers moi, yeux mi-clos et regard hypnotique… Tu te prends pour le chat dans *Shrek* ou quoi ?

Amour, toujours !

Le matin, je te vois venir à ma rencontre, les yeux rieurs et la queue qui flagelle. Je ne peux douter que tu sois content de me voir. Mais là, une question typique de la psyché humaine me tombe dessus : et si un jour tu ne m'aimais plus ? Je fais part de mon interrogation à Antoine, ton frère, qui éclate de rire, croyant à une blague, tellement l'hypothèse est farfelue. Tu ne cesseras jamais de m'aimer, c'est une évidence.

Une autre blague récurrente avec Antoine, c'est : « Tiens, ce matin, Biloo est de bonne humeur ! » Le chien est la seule créature qu'on peut réveiller à n'importe quelle heure du jour ou de la nuit, et qui sera sur pattes en deux secondes, déjà joyeux, sans avoir bu la moindre gorgée de café.

*

J'entends souvent cet amour chez le chien être contesté. On me dit, avec l'air de celui ou celle à qui on ne la fait pas : « C'est par pur intérêt. » Le chien aime la main qui le nourrit, point final. Ces gens n'ont jamais vécu avec un chien, jamais lu dans ses yeux l'absolue dévotion pour son maître. Gamelle pleine ou pas, il se ferait tuer pour lui.

Chez toi s'ajoute la particularité que cet amour n'est pas exclusif. Toute personne s'approchant ou prononçant ton nom a droit à cet élan d'affection irrépressible. J'ai maintes fois prétendu être jaloux et frustré d'un amour qui aurait dû être à moi seul destiné. Mais en vérité, tout ce que tu donnes au passant inconnu comme au visiteur occasionnel, c'est ce que je ne suis pas capable d'offrir. Un don immédiat, sans calcul, sans attente. Un souhait de bienvenue dont on ne peut contester le naturel ni la sincérité. Je suis content que tu le fasses pour moi, palliant ainsi mes défaillances d'être humain.

*

Les gens en visite s'intéressent à toi, une ou deux questions, une petite caresse, puis au bout d'un moment ils retournent à leurs préoccupations humaines. Ça va, c'est bon, le chien, va te coucher. Ainsi en va-t-il parfois des enfants confrontés aux adultes. Mais la véritable attention n'est pas intermittente, ce n'est pas une parenthèse. C'est un fil continu. Et entre nous, il est tendu pour la vie.

*

Ai-je perdu un peu de mon insouciance à tes côtés ? Je fais mes courses au Franprix de la presqu'île à Lyon. Il y a un crochet pour ta laisse à l'extérieur du magasin. J'hésite puis je t'y attache. Toi, en totale confiance, tu me laisses partir sans protester. Mais moi, tout en déambulant dans les rayons, je vais régulièrement voir par la vitre si tu es toujours là. Oui, tu as l'air tranquille. Mais vu ton succès, moi, je ne le suis pas. Je jette dans mon caddie un peu de tout sans bien réfléchir et fonce aux caisses. Il y a du monde, la fièvre monte, un quart d'heure que je t'ai laissé seul… Me reviennent ces rumeurs sur les voleurs de chiens dans le quartier. Le passage en caisse est interminable, je sors par l'autre issue, la panique est à son comble, il faut maintenant que je passe le coin de la rue pour t'apercevoir. Ça y est, je vois déjà ton bout de queue. Soulagement. Souvent, avec toi, je retrouve la fièvre des rendez-vous amoureux où j'accourais, en retard... Sera-t-elle encore là ? Dans le même temps, toi, tu n'as jamais douté et tu m'accueilles benoîtement. Tu n'as décidément que le bon côté de la relation amoureuse.

*

Pour les week-ends où je ne peux t'emmener, je peux désormais compter sur l'ami Joël. Une bénédiction ! Ce garçon aime les chiens, il est nostalgique des siens. Toi, il ne t'aime pas, il t'adore. Tu ne lui as pas fait un numéro de séduction particulier, non, tu as juste été toi-même. Je suis soulagé de te savoir chez lui, heureux qu'il te promène plus que nécessaire, il te fait même courir avec lui sur les bords de la Saône. J'imagine comme tu dois l'adorer à ton tour.

Et c'est bien ça le problème qui s'invite progressivement dans notre triangle amoureux. Voici qu'à présent, si j'ai la flemme de faire une longue promenade du soir avec toi dans le froid, je m'oblige à ne pas rentrer directement à la maison. L'ombre d'un Joël qui, lui, aurait continué plane au-dessus de nous. Et donc je prolonge la balade au-delà du raisonnable.

*

Quand tu es en colonie de vacances chez mon rival Joël, il m'arrive d'aller me promener tout seul. Quelle bizarrerie, une ville sans toi... Personne pour sourire sur mon trajet, aucune fille pour s'attendrir de ta beauté ni me féliciter de toi... C'est bien simple, je n'existe plus, je deviens transparent. Je rentre tel un fantôme triste traînant le boulet de sa solitude. Biloo, reviens ! Tu manques à la ville !

*

Il arrive que ton maître et ta maîtresse se prennent dans les bras, et leur garçon, Antoine, vient les rejoindre en complétant le cercle. Je jette un coup d'œil au-dessus de ces épaules soudées, tu as pressé ton museau sur nos jambes, assis sur tes pattes arrière et le regard fixé vers le haut. Aimanté par cette densité d'amour dont il n'est pas envisageable que tu sois exclu, pèlerin assoiffé sous le jet d'une fontaine.

*

Je t'observe longuement dans ton sommeil, allongé sur le carrelage. Je ne devrais pas te le dire, espèce de cabot : je m'incline devant ta perfection. Je regarde la réussite insolente que sont tes pattes, frangées de poils et terminées par de remarquables coussinets. La finesse de ton pelage qui se fait subtil autour des yeux. Les lignes de taches régulières qui ponctuent la naissance de tes moustache. Et cette sculpture humide du bout de ta truffe noire, comme animée d'une vie propre. Je ne peux que me rendre à ce constat : quelle belle invention, le chien !

*

La porte principale de la maison d'Ardèche est trouée de petites vitres, d'en haut jusqu'en bas. Il y a donc un carreau à ta hauteur par lequel tu peux guetter l'extérieur. Aujourd'hui, je reviens de voyage et je peux te voir me fixer de tes prunelles ardentes, ta queue s'agitant en rythme. On ne dira jamais assez le bonheur d'être attendu. Le souvenir qui me vient en écho est celui de mon fils à l'âge de quatre ans. Je rentre à la maison, frappant à la porte de l'appartement. Et je l'entends à l'intérieur courir de ses petits pas vers moi et soupirer de bonheur : « Papaaaa ! »

Avant de moquer ma sensiblerie, qu'on me dise quel plus beau cadeau sur la Terre ?

Mon maître en sagesse

Il y a une constante chez l'être humain : vouloir toujours plus. Un bonheur étant acquis, il en faut un plus grand. Une émotion forte absorbée, vite, une plus forte encore ! La courbe du désir humain est exponentielle. Toi, tu peux retourner mille fois au parc, c'est toujours une joie, la même. Tu pourrais penser : « Quoi ? Le parc, encore ? Y a pas autre chose ? » Mais la lassitude n'a pas de sens pour toi. En te regardant renifler avec ardeur les mêmes endroits, presque dans le même ordre, j'essaie de comprendre pourquoi. Et la réponse est évidente. « Une fois de plus » n'a pas de sens. « Hier » encore moins. Habitude, routines sont des mots creux. À tes yeux – à ta truffe –, ce territoire est entièrement réinitialisé chaque matin, toujours réinventé, riche d'informations nouvelles.

Alors, la routine ? Vous rigolez ! « Cette fois », c'est ici et maintenant, point. Tu me rappelles que rien d'autre n'existe. Dans la recherche du bonheur, le chien aura toujours une longueur d'avance.

*

Mon Biloo, qu'est-ce qu'une vie comme la tienne, sans inquiétude ? Je ne te sens jamais ne serait-ce qu'effleuré par l'angoisse. Au pire, tu affrontes une interrogation, en apesanteur, dans un temps suspendu : on sort ? on sort pas ? Mais une fois la réponse fournie, tu retrouves ta bienheureuse quiétude, que ce soit l'une ou l'autre solution – tu prends tout d'un cœur égal. Dans le langage de la spiritualité, on parle d'« équanimité ». Hormis avec le secours de plusieurs heures de méditation par jour, aucun humain n'en est capable sur la durée. Il y a toujours un moment où un gouffre s'ouvre sous nos pieds. Voilà, je t'explique comment on fonctionne, nous les non-chiens. Les mâchoires du néant nous guettent en permanence, figure-toi.

C'est aussi ce qui nous tient debout, en éveil, comme le conducteur sur l'autoroute, dont la pensée qu'il risque le pire à chaque instant lui épargne la tentation du sommeil. Bon, cette métaphore automobile ne te parle pas du tout, à toi qui t'endors dès que tu mets une patte dans une voiture. De toute façon, tu as décroché de mon raisonnement depuis un moment : résister à l'assoupissement n'est pas ton fort.

*

Pendant que tu dors à mes pieds, ennemi naturel de toute gamberge sidérale, moi je pousse le bouchon plus loin. J'ai toujours pensé confusément que côtoyer le danger était nécessaire pour apprécier la sécurité, comme le Bien n'aurait pas de valeur sans l'existence du Mal (tu me suis ?). Que serait une vie d'homme livrée à la quiétude assurée, la bonhomie garantie, le calme plat de la tranquillité ? Sans doute une vie sans intensité, sans substance, tristement égale, d'un ennui profond. L'aiguillon de l'inquiétude est un mal nécessaire.

Et voilà que tu me prouves, ronflant maintenant dans ton sommeil, l'inanité de cette théorie quelque peu judéo-chrétienne.

*

Tu ignores aussi les notions assez répandues d'honneur, d'orgueil, d'humiliation… Tout ce qui fait se dresser mes contemporains (et moi avec) sur leurs ergots, le terreau de tous les conflits, les malentendus, les guerres… T'es-tu déjà senti humilié par une punition ? Pas une seconde. Devant tes congénères, devant d'autres humains ? Étrange idée ! Quel honneur aurais-tu à préserver, défendre, venger ? Ta position est claire dans ce débat : à quoi bon ?

Ça ne veut pas dire pour autant que tu n'aies aucune dignité. Simplement, la tienne n'est pas issue d'un héritage culturel, d'une psychologie fragile ou de toute autre construction mentale. Non, elle est naturelle, évidente. Un port de tête altier, un regard bien droit… Voilà où elle se niche. Et elle nous anoblit en retour.

L'ennui non plus, tu ne connais pas, habitant ce fuseau horaire de l'instant présent, où il n'a pas cours, et pratiquant le bouddhisme comme Monsieur Jourdain faisait de la prose, sans le savoir.

J'aime l'idée que les moines tibétains, dans leurs temples des contreforts de l'Himalaya, tentent chaque jour avec leurs moulins à prières et leurs heures de méditation infinies d'approcher un tant soit peu cet état d'être qui t'est naturel dès le réveil.

*

Parfois je te surprends contemplatif, sur tes deux pattes arrière, humant l'air du soir… De qui es-tu la réincarnation ? Chateaubriand ? Gandhi ? À présent, tu renifles la plantation de rosiers… Quelle belle sensibilité ! Là encore, incorrigible romantique, tu échapperais à ta condition canine. Tu es qui, cette fois ? Le Ronsard d'« Allons voir si la rose » ? Non, tu finis par lever la patte et pisser dessus. En un sens, je préfère.

*

Si la pensée d'un chien est reposante, elle n'est pas vide pour autant. Le chien n'est pas un objet, un pot de fleur purement décoratif. Mais sa pensée n'est pas pleine non plus, elle ne dégorge pas en permanence. Non, elle est posée, comme un papillon. Comme lui, légère, elle s'envole pour un rien, se pose à nouveau pour un autre rien. Ta pensée, Biloo, c'est du rien qui bouge, et qui n'est pas vide.

*

Comme les bébés, tu t'intéresses aux détails infimes, poussière qui vole, minuscule insecte… L'autre jour, je t'ai vu fixer la trace silencieuse d'un avion haut dans le ciel. Sur la terre comme au ciel, tout est digne d'intérêt. Tout fait sens ou plutôt non-sens dans ce merveilleux syncrétisme qui te tient lieu de dogme.

*

Tu n'as pas de rêves à réaliser, pas de projets d'avenir… Tu es à l'abri de la déception puisque tu n'attends rien. On m'objectera peut-être que tu ne connais pas non plus la satisfaction de voir tes souhaits se réaliser un jour. J'aurais tendance à dire que c'est plutôt l'inverse, car pour toi, chaque jour, tout se réalise.

*

Une de tes plus belles qualités : tu es tout entier dans ton regard. Rien qui ne soit laissé dans l'ombre. Et d'ailleurs, aucune ombre.

*

Cela dit, facile de jouer le bonze tibétain quand on ne sait pas qu'on va mourir. Ça évite beaucoup d'angoisses, évidemment. D'autant que ton cerveau est paramétré pour t'éviter le regret du passé (qui n'existe pas, on l'a vu) et la gamberge au sujet de l'avenir (qui n'existe pas plus, bien joué). Voilà les trois sujets qui nous torturent en permanence, nous les humains. Voilà nos obstacles au bonheur simple. Le passé, l'avenir, la mort. Quel est ton mérite à remuer la queue, toi qui n'en as aucune connaissance ?

⁂

Je m'apprête à partir en voyage. Toujours cette question : que faut-il emporter ? Je ne dois rien oublier, anticiper mes besoins, la somme d'objets qui vont les combler. Mon sac est plein de toutes mes peurs de manquer. Puis je me tourne vers toi qui vas m'accompagner. Qu'est-ce que tu emportes ? Ta garde-robe, c'est un collier avec une médaille. On prend aussi ta laisse et… c'est tout. Si on fait le tour de tes effets personnels, on ajoute ta gamelle. Ta vie dans un sac plastique. Quel dénuement ! Quel détachement des biens matériels ! Quoi que je fasse, tu ne peux pas t'empêcher de me donner une leçon.

*

J'ai trouvé le mot qui te caractérise au plus profond : le frétillement. Cette manière de gigoter comme le ferait un saumon remontant vers la source. Mais la source, tu n'as pas besoin d'y retourner, tu l'as en toi, elle coule en continu dans tes veines, elle bouillonne comme une rivière de montagne. Ce trémoussement intense qui t'anime dès qu'il est question de promenade ou de retrouvailles, je le vois comme une urgence de vivre, une traînée de poudre le long de ton échine qui dit que la vie est une explosion de cadeaux toujours et en tout lieu. Et courant à ta suite, tourneboulé par cette petite folie animale, j'entrevois ce que pourrait être un parcours d'homme accompli : toute une vie à frétiller.

Réalité augmentée

J'avoue une faiblesse : je peux passer un temps regrettable sur les réseaux à regarder des vidéos de chiens… On raille souvent celles de chats pour leur côté sirupeux (jadis, les chatons étaient les stars des calendriers de la Poste, enrubannés de rose dans des paniers en osier). Mais les chiens, ce n'est pas mal non plus. L'algorithme d'Instagram m'a vite repéré. Il m'envoie une fois sur deux un petit film de golden retrievers, qui, j'ai honte de le dire, font ma joie. Dès que l'un d'eux pointe son museau sur mon smartphone, je sais que je vais regarder jusqu'au bout. (Mon Biloo, tu es intelligent, mais je renonce d'emblée à t'expliquer le concept d'algorithme, une invention spécifiquement humaine qui a fait de moi une victime consentante, ne me juge pas.) Trois types de vidéos me scotchent immanquablement (je me cache de mes proches pour les visionner) :

1. Les chiens qui retrouvent leur maître après une longue absence. Il faut les voir entrer dans une hystérie bondissante, faisant dix fois le tour de leur maître en jappant de bonheur, leur sautant au cou puis les barbouillant de salive. Je ne sais ce qui m'émeut le plus, la joie du chien ou celle du maître.

2. Les chiens recueillis dans la rue ou sur les terrains vagues, terrorisés, faméliques, couverts de poux, de plaies, fiévreux, avec dans les yeux le renoncement, une tristesse infinie. Ils sont approchés avec délicatesse, puis soignés patiemment. Un montage met ensuite en scène leur évolution, le poil revient, ainsi qu'une petite lueur dans le regard, le chien marche, d'abord hésitant puis normalement (à ce stade, je suis en larmes). Et quand les dernières images le montrent courant sur la plage avec des enfants, il faut m'évacuer sur un brancard, submergé par l'émotion.

3. Autre poncif des réseaux : un paquet cadeau attend un enfant qui rentre de l'école. Il l'ouvre, intrigué. En sort un chiot. C'est la stupeur, l'enfant le prend dans ses bras, incrédule. Et (j'en ai vu des dizaines) il fond aussitôt en larmes (et moi aussi),

des sanglots qui viennent du plus profond, il serre le chiot contre son cœur en interrogeant du regard son entourage qui pleure aussi. Allez, j'arrête, rien qu'à l'écrire, je sens un retour du lacrymal.

Peut-être est-ce une de vos autres missions, à toi, Biloo, et tes congénères : nous reconnecter avec une émotion bloquée à un moment du parcours humain, et qui s'ouvre à grandes eaux par l'inadvertance d'une petite boule de poils et d'un museau contre lesquels on ne s'était pas protégé.

*

J'ai besoin de solitude. C'est là que les humains se retrouvent face à eux-mêmes, au contact de cet être profond qui ne demande qu'à affleurer. Sans recours à un jeu social codifié pour exister aux yeux du monde. Tu comprends ça, ou c'est du charabia pour toi ? Toi qui es confiné dans une solitude intérieure ontologique, incommunicable. Ton être profond n'affleure pas, il te saisit tout entier en permanence, aucun décalage, nulle distance chez toi entre être et faire. Un modèle de spiritualité minérale.

Mais c'est la solitude dont je voulais te parler. À nous, les humains, elle est nécessaire, mais elle nous pèse aussi. Notre addiction aux autres bipèdes est puissante, et le désert autour de nous peut parfois nous glacer d'effroi. C'est là que vous intervenez, toi et tes congénères. Car le chien est le meilleur compagnon du solitaire. Il ne rompt pas la bulle d'isolement, qui continue de produire ses effets bénéfiques. La présence du chien, évanescente, ne crée pas d'interférences. Pas plus qu'un arbre. Et elle favorise dans les mêmes proportions qu'une forêt le repli apaisant sur soi. La pensée du solitaire peut suivre le fil de son ressenti, ce qui serait impossible en la présence bourdonnante, même taiseuse, d'une autre âme humaine. Alors la solitude ne vient plus nous mordre les mollets avec ses accès de nostalgie ou de mélancolie, car vous êtes là, à nos côtés, chiens de garde du vivant.

*

J'ignore comment tu fais, mais même les endroits moches sont beaux avec toi, comme ce parking minable avec un mur en parpaing. Il suffit que tu entres dans le cadre et aussitôt l'image s'illumine. Ton pelage scintillant, ton museau vibrionnant et ta queue en panache… Nous étions dans une croûte de mauvais peintre, nous voici dans un tableau de maître.

*

Te voir dormir est un spectacle des plus reposants. Dans ces positions créatives, parfois extravagantes, que tu inventes pour enrichir la gamme du sommeil, tu nous dis, comme si tu étais doué d'une prescience supérieure à la nôtre : « Tout est en ordre, rien à craindre du monde extérieur qui n'est qu'un rêve. »

Retour de la sauvagerie

Un lièvre jaillit des fourrés et court vers moi. Il me dépasse. J'ai le temps de voir dans son œil dilaté une terreur profonde. Et te voilà qui déboule à ses trousses, courant à perdre haleine. Dans ton œil à toi, je lis l'excitation et le goût du jeu. Énorme différence entre les animaux que vous êtes. L'un joue sa vie, l'autre joue tout court. J'essaie d'interrompre cette course folle, mais tu n'es plus en état de m'entendre. Je prie juste que le lièvre sauve sa peau. Si tu reviens avec lui dans ta gueule, tout joyeux, comme tu le fais avec un simple bâton, je vais avoir du mal à expliquer à ta maîtresse que tu n'es qu'amour. Elle verrait sans doute de la cruauté de ta part – alors que seule te meut l'idée innocente de jouer, fût-ce avec la vie. Un lapin mort n'est qu'un compagnon de jeu qui a perdu la partie.

Je me souviens du jour où j'ai découvert le côté sombre de Toby, ton prédécesseur, que je pensais incapable de férocité. Alors qu'un rat traversait la cour de l'immeuble, en deux bonds, Toby lui avait tranché la gorge. Il a également une ou deux poules de notre voisine ardéchoise à son tableau de chasse. Mais, bien pire, dans la forêt, sa maîtresse a découvert qu'il avait attaqué un faon en lui dévorant les entrailles… Entre colère et larmes, elle a accompagné comme elle a pu le faon dans son agonie. Et Toby le sanguinaire a eu la punition de sa vie. L'occasion d'une réflexion sur l'instinct des animaux et la mesure dans laquelle ils en sont responsables devant la justice des hommes… Mais la maîtresse n'était pas d'humeur à débattre.

*

Toi aussi tu as été soupçonné de meurtre. Un jour, Odile, notre voisine, retrouve les corps sans vie de trois petits canetons baignant dans leur sang, peu de temps après notre passage devant chez elle, alors que je t'avais perdu de vue. Cette idée m'horrifie. Comment ta brave petite bouille pourrait-elle trancher d'un coup de dent ces bébés canards ? Techniquement, c'est possible, bien sûr. Mais moralement, je me refuse à l'envisager. Ou alors tu aurais un double visage ? Une face diabolique ? Je te connaîtrais si peu ? Malgré les heures d'initiation à la civilité, ton instinct reprendrait le dessus ?

Quelque jours plus tard, soulagement, on identifie le meurtrier à son mode opératoire : arracher la tête et boire le sang. C'est signé la martre, ce prédateur goulu. Comme dans un film hollywoodien, te voilà innocenté. Tellement innocent que tu n'as jamais soupçonné qu'on te soupçonnait.

*

Tu cours vers moi, les oreilles battant au rythme de tes sauts. Je distingue quelque chose entre tes mâchoires. Très fier, tu viens me le montrer en tendant la gueule : un petit oiseau ! Horreur ! Je me récrie, à ta plus grande surprise (tu es toujours pris de court par notre inconstance : un bâton oui, un oiseau non – et pourquoi, s'il vous plaît ?). Beau joueur, tu déposes l'oisillon à mes pieds sans l'avoir mâchouillé le moins du monde, juste transporté dans le fourgon blindé de ta gueule. Un autre chien l'aurait démantibulé et n'aurait recraché que les plumes. Je te sais gré de ce tact.

L'oiseau a survécu et ta maîtresse le recueille dans une boîte. Elle le nourrira longtemps, en vérifiant son alimentation sur Internet. Mais pour lui permettre de voler de ses propres ailes un jour, nous sommes impuissants. Nous faisons donc cent kilomètres jusqu'à un refuge qui garantit son salut.

Tu ne dis rien, mais je sais ce que tu penses : vous en faites pas un peu trop, les humains ?

*

Devant la meute de chiens de chasse enfermés derrière les grillages, vociférant de rage, tu baguenaudes le museau au vent, la queue bien haute, très détaché. De la provocation ? Je ne crois pas. Tout ça te semble être dans l'ordre des choses, eux enfermés, toi libre. J'ai confirmation que le sentiment d'injustice t'est étranger et ton empathie en ce cas proche de zéro. Chez nous les humains, il y aurait toujours, plus ou moins latente, la pulsion de vouloir libérer nos semblables, ou au moins s'insurger. Toi, tu batifoles autour de la cage, indifférent à la notion de privilège. Je ne te sens pas prêt pour la révolution.

*

Promenade de la crête. Sur le bas-côté du chemin, je te vois renifler un animal. Je m'approche, c'est un chien de chasse, vautré sur le flanc. Blessé ? Il n'en a pas l'air. Plutôt épuisé. J'arrive à l'amadouer facilement, par ma voix apaisante et des caresses progressives, jusqu'à son collier. Sur la plaque, un numéro de téléphone. J'appelle. C'est un fermier du coin, grand chasseur, il me remercie. Le chien était en vadrouille toute la journée, on l'a aperçu à divers endroits, dans les bois puis sur la falaise. Il arrive ! En attendant, je sympathise avec l'animal, qui n'a rien de ces bêtes féroces entrevues tout à l'heure chez ce même fermier, encagées les unes sur les autres, comprimées entre elles une grande partie de l'année. Dès la chasse ouverte, elles deviennent littéralement folles et ne sont que hargne et fureur pour tout ce qui bouge et porte poils ou plumes.

Quand je regarde ce chien de chasse couché tranquille et semblant goûter le soleil – c'est tout juste s'il n'a pas un brin de paille entre les dents et les deux pattes sous la nuque –, j'imagine sa journée. En s'enfuyant puis divaguant au gré de son insouciance, il s'est offert un moment pour lui, comme le ferait un humain. Un voyage hors de la meute, laissant libre cours à ses envies solitaires, instant rare où sa singularité s'est exprimée. Il entend maintenant la voiture du patron approcher dans le chemin creux, il se lève paresseusement, s'ébroue et se dirige vers elle, la tête basse et l'air de dire : « Bon ben voilà, fini de rire… »

*

Est-ce que tu me défendrais si on m'attaquait physiquement ? Bondirais-tu sur l'agresseur mâchoires ouvertes, comme le font la plupart des chiens dès qu'on touche un peu trop fort à leur maître ? Je n'ai pas envie de savoir. J'ai trop peur que ta seule réaction ne soit d'apporter ton bâton à mon agresseur en remuant de la queue.

*

Sur le retour d'une promenade, nous longeons un corps de ferme quand soudain bondissent vers nous deux chiens. J'identifie l'un d'eux comme un bas-rouge, chien de défense redoutable. Leur intention est claire, ils m'ignorent et foncent droit sur toi en aboyant férocement. J'ai tout juste le temps de me poser cette question : quelle va être ta réaction ?

Vas-tu fuir la queue entre les pattes ? Te glisser entre mes jambes en couinant ? J'ai très vite la réponse, et elle me stupéfie : tu ne recules pas d'un pouce, fais face aux deux monstres et, découvrant semblablement tes crocs, aboies dans le même registre. La mâchoire du bas-rouge claque dans le vide et tu rétorques si bien qu'il ne parvient pas à te mordre, probablement surpris par la résistance de ce chien de salon. Ça me laisse le temps d'intervenir en hurlant, avant d'envoyer un coup de pied. Alerté par le bruit, le propriétaire des chiens les rappelle d'un ton sec depuis la ferme et tes deux agresseurs retournent penauds chez eux.

Nous poursuivons notre route, toi trottinant comme si de rien n'était. Et moi je te lance des coups d'œil en biais, admiratif et respectueux du combattant insoupçonné et de cet instinct de défense inédit. Je regrette tout ce que j'ai pensé de toi mon Biloo, ces réflexions sur la peluche bonasse que tu serais devenu. Sous la touffe blonde et soyeuse, le fauve ne dormait que d'un œil.

*

Le règne animal, c'est quelque chose de fabuleux. Un continent mystérieux, une forme de pensée étrangère, l'héritage légendaire de centaines de siècles d'évolution… C'est un univers inaccessible.

Mais j'ai un privilège inestimable, une clé pour en pénétrer les arcanes : toi, mon Biloo, concentré de règne animal qui m'ouvres une petite porte sur le Grand Inconnu sauvage. Toi, mon guide d'aveugle dans la nuit noire de la bestialité.

*

Entre l'humain et la bête, entre civilisation policée et totale sauvagerie, le chien, ami de l'une et l'autre, ferait le pont. Biloo, le chaînon manquant.

Canins versus félins

Il y a toute une mythologie du chat, la littérature est abondante sur le sujet. Le chat, créature mystérieuse, idole des Égyptiens… On lui accorde d'emblée une part de divin. Et puis, le chat a ce regard méprisant, inaccessible. Il affiche la certitude d'être au-dessus des contingences, bien supérieur à toute autre engeance, partout chez lui et vous y tolérant seulement.

C'est sûr que toi et les tiens, mon brave Biloo, vous ne faites pas le poids. Déjà, au niveau du mystère, c'est zéro. Vous êtes transparents, votre langage corporel ne laisse planer aucune ambiguïté, babines retroussées, échine dressée… Trop faciles à décoder. Vous ne faites pas rêver les amateurs d'énigmes philosophales qui ont tout loisir de projeter sur le chat leurs fantasmes d'un lien direct avec le cosmos par le truchement des poils de moustache. Sans oublier ce qui vous disqualifie d'emblée : cette bonne bouille de couillon, surmontée d'une paire d'oreilles qui se dressent à la moindre étrangeté, et enfin ces yeux ronds comme des billes pleins d'amour et de reconnaissance. Vous méritez juste la commisération du chat, qui vous toise de haut, juché au sommet d'un meuble où vous n'irez jamais. Trop vulgaires pour l'Olympe.

*

On aurait pourtant tort d'accorder une aura mythologique au seul chat. Le chien a lui aussi fasciné diverses civilisations : les Grecs avec Cerbère, le chien à trois têtes gardien des Enfers ; les Égyptiens avec Anubis, dieu des morts à tête de chien et conducteur d'âmes ; chez les Bantous, le chien délivre les messages des trépassés au sorcier en transe ; dans le même esprit, les Sioux l'appellent « chien de dessous-terre » ; au Mexique, le chien jaune Xolotl accompagne le soleil dans son voyage sous la terre pour le protéger durant la nuit…

En général, c'est sa fonction de guide qui est reconnue, avant tout guide des âmes jusqu'au royaume des morts.

*

Le propre du chien est la clarté. De ses sentiments, de son comportement. On ne peut pour autant lui dénier parfois une part secrète. Une de mes amies traversait une période de solitude et de souffrance, en même temps qu'elle se sentait menacée par la présence d'un homme dans sa vie. Est arrivé à sa porte un chien-loup qui errait dans la lande bretonne. Il est entré d'autorité dans sa maison pour se coucher en travers de la porte. Elle l'a baptisé Argos, comme le chien d'Ulysse. Quand cette amie a recouvré un peu de sérénité et que le danger s'est éloigné, le chien a disparu.

Moi-même, quand j'habitais Quito, en Équateur, j'étais fasciné par une meute de chiens qui passaient quotidiennement dans ma rue, quasi à heure fixe. Une dizaine de bêtes de toutes tailles et couleurs. Elles trottaient en groupe serré, le regard fixe devant elles, comme si elles savaient très bien où elles allaient et pourquoi. Moi, je ne l'ai jamais su. Je suis parti un jour et le mystère est resté entier.

*

Dans le *New Yorker*, journal américain fameux pour ses dessins d'humour où figurait souvent Sempé, un cartoon résume assez bien la différence entre chiens et chats. Derrière un bureau d'éditeur, manuscrit en main, un chat s'adresse à un chien, face à lui : « Nous avons relu votre texte… C'est intéressant… Mais il y a beaucoup trop de points d'exclamation ! »

*

Il est souvent très drôle de voir comme un chien se sent coupable quand il a volé de la nourriture, incapable de cacher son forfait, rasant le sol, les oreilles en arrière et les yeux en amande. Le chat, lui, s'en fout. Ce qui est pris est pris. Pour un chat, le péché c'est de se faire prendre.

*

À la tombée de la nuit nous parvient depuis notre maison d'Ardèche un hurlement strident. J'identifie la voix du chat Gaston, manifestement attaqué par plus fort que lui. Un renard ? Nous avons déjà perdu un chat, dévoré par une renarde qui devait nourrir son terrier. Aussitôt, je te lâche par la porte ouverte et tu fends la nuit en aboyant furieusement. Ton arrivée fait sans doute fuir l'assaillant, que tu poursuis jusque dans la forêt profonde. Et nous récupérons le chat, recroquevillé sur lui-même, poil hérissé, grondant encore. Son dos est couvert de bave. Pas de doute, il n'est pas passé loin de l'exécution sommaire. Tu reviens aux nouvelles, accueilli par ta maîtresse comme un héros : celui qui a sauvé son chat.

Le récit qu'elle en fera régulièrement auprès d'amis de passage ne lésinera pas sur les superlatifs. Je ne suis pas sûr que tu aies choisi de sauver la vie de ton copain chat. Tu as poursuivi un intrus, avec cet instinct animal de courir derrière ce qui fuit. Mais tu acceptes malgré tout la médaille du sauveteur sous la forme de divers câlins. Et peut-être la mérites-tu ? Chien justicier qui s'ignore.

*

J'observe que le poil de ton crâne est tout humide. Il n'y a aucune explication. Ta langue n'irait pas jusque-là et je ne te vois pas ouvrir le robinet pour mettre ta tête dessous. Alors quoi ? L'explication m'apparaît sous les traits d'un Gaston ondulant. Ce chat t'aime à présent tellement qu'il est venu te lécher le crâne pour une toilette amicale. Où s'arrêtera cette histoire d'amour transgressive entre deux espèces réputées ennemies ?

*

Les amateurs de chats disent souvent, pour montrer leur mépris de la race canine : « Il n'y a pas de chats policiers. » Certes, mais il n'y a pas non plus de chats d'aveugles, de chats d'avalanches, ni de chats sauveteurs en mer. Il existe un terrain où les deux se retrouvent : un chien pourra consoler un enfant maltraité, un chat donnera du sens à la solitude d'un vieillard. Et inversement. Alors, pourquoi les opposer ?

*

Canicule en Ardèche. Tu te diriges vers l'endroit le plus frais pour boire, le bachat, petit bassin d'eau extérieur. Mais Gaston est installé sur la margelle, lapant comme le font les chats. Que vas-tu faire ? J'en connais qui auraient foncé, truffe la première, et aspergé les alentours sans plus d'égards. Tu t'arrêtes derrière Gaston, regardes à droite et à gauche en patientant, sans mettre aucune pression. Puis, quand le chat quitte sa position en équilibre sur le bord et part la queue en l'air, tu le suis des yeux pour t'assurer qu'il a bien terminé avant de boire à ton tour, fort civilement.

J'ai été très touché, je te le dis mon Biloo, par ce que j'appelle de la délicatesse. Qui n'est pas la qualité première des chiens. Je dirais même qu'il y a dans cette attitude tous les stigmates d'une posture humaine, résultat d'une éducation, d'un savoir-vivre et d'une élégance que des siècles de civilisation ont fini par imposer aux barbares que nous fûmes. Et toi tu y vas direct. Chien de tous les raccourcis.

Médiation animale

Qu'est-ce que j'apprends, mon Biloc ? Tu es de la race dont on fait les guides d'aveugles ! Je lis : « Connu avant tout pour sa compagnie agréable et sa dévotion, le chien [toi, donc] recèle de nombreuses autres qualités. Réputé pour être l'un des plus doux et gentils, le golden retriever est grand, harmonieux, puissant, de constitution robuste, à l'expression empreinte de douceur et doté d'une grande intelligence. »

Je découvre aussi qu'on vous place dans une famille d'accueil et qu'on ne peut vous éduquer qu'après l'âge de deux ans. Avant ça, vous êtes paraît-il ingérables ! Je le confirme : tu m'as bien fait courir les deux premiers années, sourd à mes injonctions, privilégiant au respect du maître le jeu, les autres chiens ou toute autre source d'excitation. Mais tout t'est pardonné : tu es de ces chiens qui sauvent l'humanité non voyante ! Je te regarde d'une autre façon. Je visualise même des médailles sur ton poitrail.

Quoique, te connaissant, j'ai du mal à croire que tu n'aurais pas entraîné ton aveugle de maître dans les buissons épineux ou les eaux de la Saône, depuis les berges. De même, si tu étais recruté pour rechercher des survivants sous les décombres des tremblements de terre, je t'imagine plutôt folâtrer et proposer ton bâton aux rescapés sous les gravats.

*

L'un de mes amis ne peut plus aller à la plage, sur les bords de la Méditerranée avec son terre-neuve. Chaque fois son chien, dont on connaît la réputation de sauveteur, plonge dans la mer à la suite d'un nageur pour le ramener sur la plage, trop souvent contre son gré…

*

Depuis des temps immémoriaux, la tâche du chien à nos côtés a été la même : pister, garder, défendre. Point. Une autre fonction, moins directement utilitariste, est venue la remplacer : nous tenir compagnie. Un ménage sur deux en France possède un animal, et c'est un chien dans la moitié des cas. 7,6 millions d'individus canins, qui ne conduisent pas les troupeaux, ni ne rapportent le gibier. Ils se contentent d'être, et c'est là qu'ils sont les meilleurs. Ce n'est plus un subalterne, c'est un partenaire.

Ainsi est né le principe de « médiation animale » : le réconfort que peuvent apporter les animaux. Les chiens sont de plus en plus présents, grâce aux associations, dans les EHPAD, les prisons, auprès des enfants en difficulté scolaire, les hôpitaux… Ainsi de ce soldat de retour d'Afghanistan, traumatisé, dont je lis l'histoire, et qui a retrouvé une forme d'équilibre grâce à un berger australien. De ces élèves d'un collège, rejetés de partout, qui se calment dès que le bouvier prend place parmi eux, faisant partie intégrante de la classe. De ce SDF qui, en prenant soin de son chien, réapprend à prendre soin de lui-même…

Les résultats les plus spectaculaires sont obtenus dans les tribunaux. En 2003, aux États-Unis, une procureure et une vétérinaire ont créé la Courthouse Dogs Foundation (« fondation des chiens du tribunal »). À l'occasion de procédures judiciaires douloureuses impliquant des victimes mineures, la fondation initie l'accompagnement par un chien de soutien. Neuf États ont édicté des lois pour encadrer et officialiser ce type d'assistance par des chiens. En France, le principe s'est également développé. Le procureur de Cahors raconte ainsi dans la presse : « Une fillette de 7 ans dont l'audition avait dû être annulée car elle refusait de descendre du véhicule de ses parents a finalement pu être entendue pendant 37 minutes grâce à la présence du chien Lol qu'elle n'a cessé de caresser. Elle s'est même couchée de tout son long sur lui lorsque l'enquêteur a dû s'absenter momentanément de la pièce. »

Cette fonction peut paraître abstraite ou gadget aux yeux des non-pratiquants du chien. À moi, elle est apparue évidente. Quand je te regarde, mon Biloo, simplement être – ce que tu fais merveilleusement –, je vois bien le sentiment que tu peux faire naître chez les enfants ou les personnes âgées. Ta posture apaisée est apaisante. Et le contact avec ta fourrure, la façon dont tu vas lover ton museau dans les cous apportent une chaleur immédiate, des ondes de tendresse. Un contact animal que la bête qui sommeille en nous reconnaît.

*

J'ai fait récemment la connaissance de Pauline, qui pratique la zoothérapie. Elle recrute des chiens pour accompagner les enfants autistes, les personnes âgées isolées ou en EHPAD. J'ai naturellement présenté ta candidature. Parmi ces êtres défavorisés par la vie, je ne doute pas que tu fasses un malheur ! Enfin, un bonheur. Pour autant, Pauline souhaite te faire passer quelques tests pour cerner tes interactions avec cette population. Je glousse intérieurement. Mon Biloo va tout défoncer, Pauline en reviendra séduite et voudra l'adopter pour elle-même si ça se trouve. Biloo est parfait pour le contact avec qui que ce soit et son amour enflamme tous ceux qui l'approchent. Il est tout bonnement incandescent, lui dis-je.

Mais va pour un test. Pauline t'emmène une matinée chez elle et, au retour, me livre son verdict : tu coches effectivement toute les cases du chien d'accompagnement (Ben oui ! pensé-je). Cependant, il y a un petit problème qui peut être rédhibitoire notamment en EHPAD où les règles sont strictes. Ton odeur. Quoi, ton odeur ? Mon Biloo pue, c'est ça ? Je suis mortifié. Ma propre hygiène est mise en cause, mais surtout, l'image de ta bonté universelle est entachée.

Pauline ne pourra te prendre que si je « résous cette question ». Je promets, sur un ton légèrement pincé, que je vais m'en occuper. Une fois la porte refermée sur l'impudente, je te regarde dans les yeux, petite bête inconsciente de l'opprobre qui tombe sur nous. Je suis consterné de la manière dont on t'a accueilli, toi le sauveur de l'Humanité. Un peu comme si on avait recalé Jésus au prétexte qu'il avait mauvaise haleine.

Sanctuaire de la niaiserie

Avant j'étais seul avec toi dans ce parc, au milieu des ruines romaines. Depuis peu, c'est le lieu de rendez-vous de tous les propriétaires de chiens du quartier ou d'ailleurs. Ils se sont donné rendez-vous le soir aux alentours de 18 h 30. Ils ont même un groupe WhatsApp pour se retrouver à coup sûr.

Te voilà donc au milieu de cockers, de fox-terriers, de border collies… En majorité des chiens de petite taille, c'est souvent le cas en ville quand il faut vivre en appartement. Tu te retrouves parmi cette meute en liberté qui court en tous sens. Bien sûr, tu aimes ça ! Plein de copains bondissants, c'est toujours mieux que ce maître psychorigide qui fait les mêmes promenades et en a rapidement marre de jouer avec un bâton. Tu es le doyen de la réunion, le plus grand, le plus fort (trente-six kilos, qui dit mieux ? Certainement pas les cockers). Mais tu te livres complaisamment à tout ce qu'on te propose : courir comme des fous en bande après on ne sait qui, on ne sait pourquoi, ou alors te rouler au sol dans la poussière, pour être à hauteur de tes coreligionnaires. Le chien parfait, à la carte. Quand tu es à la portée des jeunes roquets, ils s'en donnent à cœur joie pour t'attraper en grappe par les poils du cou, te mordiller les oreilles, te monter dessus, dessous, et aboyer frénétiquement (ce que toi tu ne fais pas, prince de la retenue). Tu es très populaire parmi la gent canine, car jamais tu ne te rebelles ni ne rends coup pour coup. C'est ton côté peluche. Parfois, on débarque au sein d'un groupe déjà formé, plutôt calme, et aussitôt tu nous mets une ambiance de feu là-dedans, brises tous les rassemblements de petits gabarits, provoques les plus grands à la course. Biloo, agent d'ambiance, à inviter aux anniversaires de chiens.

*

Je note que tu préfères, quand c'est possible, le jeu avec des chiens de ton gabarit, spécialement d'autres goldens. Ceux-là ont une façon de jouer bien spécifique et une entente immédiate sur ce qu'il y a de plus rigolo à faire. À savoir : courir flanc contre flanc en se mordant l'oreille et le cou, puis se dresser l'un contre l'autre sur les pattes arrière, les pattes avant battant l'air, à la façon des grands cerfs dans les combats de pleine lune.

*

Depuis que tu t'es fait plein de potes à cet endroit, difficile de t'emmener ailleurs. Comme tu es sans laisse, je te vois trotter sur le parvis du palais de justice dans cette direction et de plus en plus vite, sans me laisser d'autre choix. Je dois hurler pour que tu t'arrêtes pile avant la rue pavée à traverser. Mais une fois passé ce dernier obstacle, il faut te voir filer droit sans retenue, sauter le petit muret et parvenir triomphant au milieu de l'arène canine, gonflé de joie, le meilleur moment de la journée. Moi qui arrive à la traîne et dont tu oublies la présence, je dois me faire à cette idée qu'un autre chien est dix fois plus marrant que moi. Tu m'as renvoyé à cette époque où, pour mon fils de cinq ans, quels que soient les efforts déployés pour l'amuser, jamais je n'aurais pu égaler un autre enfant.

*

À la faveur de ces réunions canines, j'observe aussi les maîtres, et je vois bien qu'on est tous pareils. Attendris par notre progéniture, attentifs à ce qu'elle respecte les autres, qu'elle soit aimée, tristes quand notre chien est mis à l'écart, heureux de le voir heureux… Et malgré toute la tendresse pour les autres, chacun préfère le sien. De vrais parents d'élèves à la grille de l'école. Ce sont des gens comme moi, pour qui le temps importe peu, du moment que le chien s'amuse. J'en vois qui passent deux à trois heures sur place. Le moindre événement mobilise tout le monde, une rixe, une blessure, une fugue. Il y a une solidarité touchante, alors que nous ne nous connaissons pas vraiment, que sans doute nous ne nous serions jamais rencontrés en dehors du parc. D'ailleurs, une fois rentrés à la maison, nous n'existons plus les uns pour les autres.

*

Entre amis des chiens, nous avons un plaisir particulier à parler clebs sans complexe. Il faut dire qu'en dehors de cette ambassade, nous avons des scrupules à occuper les conversations avec nos bêtes et leurs péripéties. Ça ne peut pas intéresser longtemps, nous le sentons bien. Tandis que là, on se lâche. Constipation, quel remède ? Un véto meilleur qu'un autre ? Castré ou pas ? Le tien aussi, il bouffe tes fauteuils ? On se comprend tellement. Les expressions et commentaires niais à l'intention de nos bons chienchiens sont la norme. C'est un boulevard de complaisance pour l'espèce canine, on se vautre dans notre amour immodéré sans encourir le ridicule qui, ici, n'a plus cours, on est en zone protégée, les quolibets à notre encontre ne franchissant pas le muret. C'est reposant. Mais c'est vrai qu'il y a un moment où il faut regagner la vie normale des gens qui n'ont pas de chien. C'est mieux que nous ne vivions pas tous ensemble, comme le réclament pourtant nos animaux, nous risquerions de devenir très vite gâteux.

Rescapé de la génétique

Quand je te regarde, Biloo, je suis fasciné par le chemin que vous avez parcouru, tes ancêtres et toi, pour parvenir jusqu'à moi. C'est un miracle. Il y a 15 000 ans, les hommes préhistoriques ont domestiqué des loups pour chasser de façon plus efficace. Au fil des générations, ces derniers se sont transformés sous l'effet de la sélection opérée par l'homme. Ce qui a fini par donner le chien. Une étude récente démontre que le chien serait issu du croisement entre un cousin domestique en Asie de l'Est et un autre en Europe de l'Ouest. On a retrouvé des ossements de chiens aux côtés de défunts dans des tombes de la culture proche-orientale natoufienne, à l'Épipaléolithique (la dernière phase du Paléolithique, entre 14 000 et 11 700 avant notre ère). Et tout ça a débouché sur mon Biloo, vautré dans le salon, lâchant de gros soupirs de contentement dans son sommeil. Repos bien mérité après un si long voyage.

*

Qu'est-ce qui fait ta personnalité ? En quoi es-tu différent d'un autre golden ? L'un de tes frères de portée a-t-il le même comportement au détail près ? Êtes-vous interchangeables ? Déjà que votre ressemblance physique est troublante… L'autre jour, j'ai vu un golden au bout d'une laisse. L'espace d'une seconde, j'ai cru que c'était toi.

Est-ce que je possède un chien fabriqué à la chaîne génétique, qu'on pourrait éventuellement rapporter au fabricant pour en obtenir un neuf, en tous points identique ? Cette question me travaille, car j'ai besoin que tu sois unique. Le produit standard, le côté clone, même sympathique, me désolerait. Toby, bâtard d'un border collie et d'un labrador, ne ressemblait à rien de connu, très long museau, queue en panache, poil court… Je pouvais plus facilement me construire la fable d'un chien exceptionnel.

Maintenant que je te pratique, je me suis fait une idée de ce qu'est la personnalité d'un chien – et ce sans le secours des ouvrages d'éthologie canine, que je fuis : seul un certain empirisme me guide. Tant pis si je me trompe, il n'y a pas mort de chien.

Mon Biloo, je réclame toute ton attention, car je vais te faire part de mes hypothèses sur ta supposée singularité. De quoi es-tu constitué ?

1. Il me semble que tu as un solide socle atavique, tout ce qui a façonné l'âme canine depuis des millénaires, celle qui s'est échappée du loup. Un héritage qui te permet de survivre : l'instinct de défense, les pulsions, mais aussi un arsenal de comportements qui font ce compagnonnage unique avec l'homme. Je la repère bien chez toi, cette permanence immémoriale. À travers tous les chiens que j'ai connus dans ma vie, je retrouve un ensemble identifiable de figures, de réactions, d'expressions, et cette intensité du regard dans lequel tout se lit.

2. Ensuite, il y a ta race qui te définit plus encore. La bonne pâte du golden, sa placidité, son côté joueur toute sa vie, propreté, obéissance, pas d'agressivité (tout ça fait un peu « premier de la classe », avoue-le). Bien sûr, je prends. Mais où es-tu, toi, Biloo ? Ma bête à moi ?

3. C'est là qu'intervient la différenciation, la manière dont va se former ton identité, je pense, l'authentique

Biloo : dans l'échange particulier que le maître va proposer. Dans le désir que le chien aura de lui être agréable. Dans cet aller-retour, ce jeu subtil, il y a ce qu'il donne, reçoit, les résistances aussi. Là se noue l'intrigue entre le maître et le chien, le cœur du Biloo. Les caractéristiques que chacun a acquises de son côté vont créer un égrégore, une entité spécifique. La matière unique d'une amitié qui les transforme tous les deux.

*

Je me souviens d'une vidéo ahurissante où une cinquantaine de golden retrievers plongent dans une piscine, en ressortent, puis y replongent, nagent avec délectation, tous avec la même indolence et le même plaisir patelin. Ils sont identiques, de leurs battements de queue jusqu'à la couleur de leur pelage. Mon impression déplaisante de clonage généralisé remonte à la surface de la piscine, vision cauchemardesque d'un Biloo démultiplié… Sauf que, toi, tu ne nages pas (ça m'a d'ailleurs toujours étonné). Faire trempette au bord de l'eau, d'accord, mais plus loin dans l'univers liquide, jamais ! (On dirait moi.) Et ça change tout ! La programmation génétique a des ratés, tu redeviens spécimen unique. Quand ces gens s'étonnent, au bord du lac, de ton refus de nager alors que tu es « un chien d'eau, normalement », je leur réponds tout fier : « Eh oui ! C'est mon Biloo ! »

*

Dans la hiérarchie canine, j'ai peur que tu ne pèses pas lourd. Le chien d'une amie surgit et se rue sur ta gamelle – et toi, tu le laisses faire ! L'amie m'explique que c'est normal, son chien est un « dominant ». Tu n'en es manifestement pas un…

Sur les quais, une chienne hérisse son poil, si tu approches, elle attaque… Indécrottable joueur, confiant dans la nature canine, tu t'avances malgré tout. Elle sort ses crocs et te lance un avertissement qui claque dans le vide. Tu t'es retiré à temps. Mais tu reviens à la charge avec tes envies joueuses, lui tournes autour, évites les coups de dents, comme si c'était le jeu.

J'observe que l'agressivité de l'autre se fatigue un peu de ton innocence, de tes bonds insouciants face à ses menaces. Elle abandonne le retroussement de babines, son poil d'échine rentre dans le rang, elle consent peu à peu à venir te renifler, puis à se laisser renifler… La voilà, méconnaissable, qui entre dans tes rondes incessantes, sans aller jusqu'à ton exubérance, mais en se prêtant au jeu !

J'en déduis que, sans la braquer, en restant sur ton axe jovial, tu l'as emmenée petit à petit sur le terrain de l'échange amical. Tu lui as subtilement imposé ta conception de la vie. Alors, c'est qui le dominant dans l'affaire ?

*

Tu es une publicité pour les chiens en général. Sur ton chemin, tu convertis tous les mécréants de la cause animale. Il n'est pas rare que j'entende : « Normalement, je n'aime pas les chiens, mais lui… » Les publicitaires, les vrais, ne s'y trompent pas, qui, une fois sur deux, font figurer sur les paquets de croquettes un de tes congénères golden. La caricature du brave chienchien.

Ça me vexe un peu, car j'ai l'impression, de nouveau, que tu n'es qu'un prototype, le produit calibré de ta race, dont la bonté universelle est pour ainsi dire programmée. Quel mérite as-tu d'être toi-même ? Jusqu'à ce que je rencontre hier un autre golden, pas rigolo, prêtant peu attention aux humains (me snobant carrément, oui !). Et même un peu ronchon. Ça m'a réconcilié avec le Biloo en toi, libre des clichés.

*

Mon autre question est : comment se développe ton intelligence ? (Tu ne vas pas à l'école, si j'ai bien observé.) Là encore, j'ai mon hypothèse : comme je te laisse relativement libre de tes mouvements, tu as toute latitude pour prendre des décisions. Quand tu optes pour tel ou tel emploi de ton temps immédiat – aller grignoter ce bâton qui traîne, t'asseoir pour observer le temps qui passe, retourner à la maison s'il fait trop chaud, ressortir si le soleil te manque, suivre ou pas ta maîtresse au jardin, choisir d'être avec moi, mais renoncer si je me dirige vers la voiture, etc. Tu mènes ta vie comme tu l'entends, concentré sur ton propre désir dans ces moments où chacun de nous s'active sans te prêter attention.

Beaucoup de chiens sont contraints par les circonstances à être dans l'ultradépendance vis-à-vis de leur maître, ses ordres, ses mouvements qu'ils suivent mécaniquement. Rien dans leur rythme de vie ne les incite à créer de l'inédit, qui favorise le développement neuronal. Toi, tes neurones, tu les alimentes par la multitude de microdécisions personnelles. Voilà comment ton corpus cérébral s'enrichit : par l'activation permanente de cette faculté d'opérer des choix en conscience. Tu examines les opportunités qui te sont offertes, les évalues, les valides ou non mieux qu'un ordinateur puisque ton centre de commandement est fortement lié au seul arbitrage de ton ressenti. J'applaudis.

Petit bémol : tes fugues sont le paroxysme de ton autonomie intellectuelle. Quand je passais la matinée à te chercher partout alentour, il m'arrivait de maudire cette fichue intelligence qu'aujourd'hui, dans ta proximité rassurante, je me plais à louer.

*

Ah ! J'ai enfin obtenu un début de réponse à mon obsédante question sur ta personnalité, dont je craignais qu'elle ne soit que le résultat d'une programmation, quelque chose de transmis quasi mécaniquement qui ferait de toi une construction cellulaire archétypale, un modèle en vitrine, super golden, une machine organique bourrée d'automatismes – et aucun spécifique Biloo dedans. Je tombe dans *Libération* sur un article de Camille Gévaudan qui pourrait être écrit pour moi : « Caractères des chiens : non, la race ne fait pas toutou ». Une biologiste américaine, Kathleen Morrill, a étudié le rôle de la génétique sur le cerveau et le comportement de différentes espèces vivantes. Adolescente, elle avait constaté que les deux épagneuls nains adoptés par ses parents avaient des caractères opposés : « L'un était timide et anxieux, et l'autre extraverti et affectueux. » En 2015, elle a lancé un projet de science participative, Darwin's Ark (« l'Arche de Darwin »), à l'université du Massachusetts. « Plus de 18 000 internautes s'y sont inscrits pour répondre à de longs questionnaires sur leur chien, ses caractéristiques, ses habitudes et ses traits de personnalité. Parmi eux, 2 155 chiens ont été choisis, certains "pure race" et d'autres croisés, et leur ADN a été séquencé pour pouvoir faire un lien très précis entre leurs gènes et leur comportement. [...] Bilan : "La race offre une faible valeur prédictive, et explique seulement 9 % des variations comportementales." » Parmi les quelques traits de caractère susceptibles de se transmettre par hérédité (donc d'être associés à la race), l'étude pointe la docilité. Mais pour l'essentiel de la personnalité du chien, « la race n'apporte quasiment aucune information. C'est une affaire d'individus ». En résumé, et pour ma plus grande joie : « La race des chiens est un très mauvais indicateur de leur caractère. Elle sert à définir un ensemble de traits physiques très précis, ça oui, mais la personnalité des toutous montre une grande variabilité au sein de toutes les espèces, et s'explique mieux par l'environnement que par leurs gènes. »

L'environnement ! C'est-à-dire bibi ! Dans une certaine proportion, ta formidable sociabilité, mon Biloo, ta capacité d'adaptation et ta confiance en la vie seraient le fruit de l'éducation que je te donne… C'est tout ce que je voulais entendre, et c'est confirmé par la science. Le Biloo est un peu mon œuvre, je n'ai pas hérité du kit du chien parfait, c'est notre aventure commune, et sans doute un peu aussi la volonté du Grand Créateur de Toute Chose (s'il existe), qui ont fait de toi cette merveille absolue. La prochaine fois qu'on me dit « Ouais, ben normal, c'est un golden », je ricanerai en mon for intérieur.

*

J'aime t'observer quand tu te crois seul. J'ai l'impression de surprendre ton être véritable. Tu n'es pas dans la séduction, le contrôle réflexe d'être ce que je veux que tu sois. Je surprends ton regard errer sur les choses, à la fois vague et précis. Qu'y a-t-il dans ta tête ? Rien, sans doute, que le contenu de ton regard. Tu es ce que tu vois. Ce grand vide actif se remplit de l'instant. Et moi, de ma cachette, je souris de te voir si naturel, posé sur la vie, le vrai Biloo. Puis tu sens mon regard, me repères, et déjà tu es sur pattes pour venir sous ma main quémander du museau l'approbation d'exister. Je te l'accorde bien volontiers d'une caresse complice. Mais je sais que tu n'as pas besoin de moi pour être. Je l'ai vu.

*

Je te regarde maintenant, couché en rond au pied de mon bureau. Tu ne soupçonnes pas un instant que je suis en train de raconter ta vie. Tu n'as aucune idée du temps que je te consacre ni de l'attention que des millions de lecteurs te porteront, propulsé que tu seras au rang de chien idéal. Et si, d'une manière invraisemblable ou une autre, tu pouvais en avoir connaissance un jour, je pense que la notoriété ne pourrait pas entrer dans tes catégories mentales. Rien ne te permet d'appréhender ce phénomène.

Un jour, dans une fête de village où il y avait un public important, je t'ai vu monter sur la scène, où tu croyais me rejoindre. Les spectateurs ont ri de ton irruption en guest-star. Toi, tu t'es assis et les as considérés comme une masse indistincte, sans mesurer que tu étais à la convergence de tous les regards, le centre de l'univers. J'ai compris que tu serais toujours à l'abri d'avoir la grosse tête, contrairement à ton biographe, cet imbécile, persuadé de s'adresser à des millions de lecteurs.

L'étrange mort des chiens

La mort d'un chien. C'est particulier. La peine est immense, bien sûr, tant la présence quotidienne était prégnante, à notre insu peut-être. Le chien laisse derrière lui un vide – mais pas un trou béant, blessure qui ne se refermerait jamais. C'est sa politesse. Il se retire sur le bout des pattes, à reculons. Ce n'est pas la mort d'un proche humain, qui, elle, est une déflagration. Sans oublier les changements de vie radicaux qu'elle implique souvent, ni l'énormité des problèmes à résoudre, des formalités, plus pénibles encore dans ces circonstances. Sans omettre non plus le final grandiloquent et lourd qu'est l'enterrement.

Le chien, lui, meurt simplement, sans chichis, sans étaler sa souffrance – vous n'en saurez jamais le degré. Un dernier regard résigné, désolé du dérangement, l'air de dire : « Ne soyez pas trop tristes, on se reverra. » La disparition du corps se fait sans formalité, souvent, le vétérinaire s'en charge. Et nous voici rendus à notre seule peine. L'absence est là, mais prévalent généralement le soulagement de la douleur enfuie de l'animal et la conviction qu'il n'a pas vécu l'approche de la mort comme une détresse, mais comme le cours naturel des choses. Décidément, vieux sage jusqu'à la fin.

*

Mon premier chien s'appelait Tommy, il avait fallu un travail de sape de plusieurs années pour que ma mère accepte que j'en aie un. J'avais douze ans. C'était un événement. Un nouveau membre dans la famille, entré par effraction dans un cercle que je croyais clos pour l'éternité. Mon compagnon, un chien à moi ! Tommy était un corniaud, pas question de race chez nous, dans un milieu modeste, et puis quoi encore ? Selon le principe que, « d'accord, mais cet animal ne doit rien nous coûter », il mangerait nos restes. Mais surtout, il ne serait pas vacciné, beaucoup trop cher ! J'avais appris à m'incliner devant l'argument de l'argent, en bon fils du Pas-de-Calais. À l'âge de deux ans, Tommy a commencé à avoir le train arrière qui se bloquait – symptôme de la maladie de Carré. Je l'ai vu décliner peu à peu dans sa motricité, mais tout en restant joueur comme un jeune chiot. C'était pathétique de le voir rater ses virages et chuter sur le côté, comme jamais les chiens ne le font, toujours maintenus au sol par leurs quatre pattes. Au retour d'une dernière promenade où il semblait aller mieux, heureux d'être à mes côtés, je l'ai pris dans mes bras, il m'a regardé toujours pétillant, puis quelque chose s'est éteint dans ses yeux, la lueur a disparu, les pupilles sont devenues des billes de verre inhabitées. Et son corps s'est entièrement relâché, il a glissé de mes bras au sol. Une petite mare d'urine s'est formée sous lui. Il a fallu qu'on m'explique, je ne pouvais pas y croire.

J'avais quatorze ans et je découvrais la mort. Jamais jusqu'ici je n'avais même vu le corps d'un parent décédé. Je refusais d'aller aux enterrements, cérémonies sinistres où tout me paraissait faux. J'étais trop jeune lorsque mon père est mort pour m'en souvenir. Est-ce que ce chien initial était venu pour me faire ressentir ce que j'avais toujours refusé, le fameux « travail de deuil » dont on ne peut, paraît-il, faire l'économie ? Peut-être qu'avec lui une lignée de chiens venait de débarquer dans ma vie pour mon initiation. Ce premier apprentissage fut le plus rude.

*

Bien plus tard, à l'âge adulte, j'ai tenu un autre animal dans mes bras jusqu'à ce qu'il s'éteigne. Zazie, la chienne toute noire et bouclée parachutée dans notre vie à la sortie d'un refuge et qui nous a accompagnés partout quatorze années. Elle me suivait dans Paris sans laisse, à guetter chaque arrêt du métro, restait dans mon fil au travers des gares bondées, passait des heures sous le siège des trains et à l'arrière des voitures. On nous avait dit qu'elle avait été rejetée par ses familles d'adoption. Au début elle refusait de se laisser approcher, sans doute chienne battue. Je la sentais sur le qui-vive, jamais sûre qu'on l'emmènerait. Elle avait développé pour cette raison une formidable acuité, un sens précis de l'observation, qui l'avait sans doute déjà sauvée. Dans le 18e arrondissement de Paris, je l'ai un jour oubliée chez un photocopieur, quelque part vers la mairie. Et je suis rentré seul sur la butte Montmartre. Quelqu'un est venu me dire qu'une chienne attendait à la porte de l'immeuble… Elle avait traversé tous les boulevards, retrouvé son chemin et la porte de chez nous.

Une autre fois, en Bretagne, nous rentrions de la plage dans deux voitures différentes, chacun des conducteurs persuadé que le chien était avec l'autre. C'était la nuit, nous nous sommes endormis sans nous apercevoir que Zazie avait été oubliée à la plage. Au matin, nous y sommes retournés, en panique. Elle avait attendu au même endroit, dans l'espoir que nous reviendrions.

Mais il a fallu qu'elle nous abandonne quand même, en fin de vie. Je me souviens de notre hésitation. Le vétérinaire voulait la conserver la nuit dans une cage, pour des examens complémentaires. Elle nous a regardés de loin. Je ne voulais pas ça pour elle. Quand on l'a reprise pour la ramener à la maison, ce fut sa dernière grande joie.

*

J'ai vécu six mois à Madagascar avec mon fiston de treize ans (je raconte l'aventure dans un autre livre, *Robinsons père & fils*). J'avais adopté une petite chienne au poil ras caractéristique des chiens de cette île, avec un museau pointu de renard. Je l'avais appelée Socquette à cause de la couleur blanche de ses pattes. Une belle complicité était née, faite de carcasses de poissons ou de restes de zébu déposés sur mon seuil. Elle se baignait avec nous et ne refusait jamais un tour de pirogue. Mais les Malgaches ont un problème avec les chiens. Celle-là dérangeait par ses aboiements. Je l'ai vue arriver un jour, tête basse, sans manifester sa coutumière bonne humeur. Elle avait été empoisonnée. Elle est morte dans la nuit, sous le lit. Ma colère a été aussi grande que ma peine, les deux incompréhensibles pour les habitants de l'île. Mon fils et moi l'avons enterrée avec tous les égards (hérésie !). Antoine lui a fait une belle tombe avec des coquillages, puis m'a pris dans ses bras pour quelques larmes. Son premier deuil à lui aussi fut pour un chien.

*

Et puis il y a eu Toby. La voisine d'Ardèche ne voulait que nous pour l'adoption. Il a commencé par assurer sa descendance avec toutes les chiennes des environs, avant d'être castré pour la paix des ménages. Chien d'une fidélité exemplaire, d'une loyauté absolue. J'ai voulu un jour le confier à un ami qui partait marcher seul dans la campagne alentour. Au bout de vingt mètres, Toby a compris que je n'en serais pas. Il a tranquillement fait demi-tour, façon de dire : « Je n'ai qu'un maître ». J'en ai été très honoré (Biloo, si tu lis ces lignes…).

Avec mon fiston à la caméra, j'ai pu tourner un court-métrage grâce à lui. L'histoire d'un chien (Toby) lâché dans la ville de Lyon, baguenaudant sur les quais parmi la foule, reniflant les fesses, dialoguant avec des congénères, dansant avec un clochard, traversant un orchestre de rue et ne passant les feux que quand le bonhomme est vert pour les piétons (tout ça est sur YouTube, sous le titre « Temps de chien »). L'acteur parfait, très naturel et concerné dans son rôle canin, un peu cabot, certes, mais capable de moments d'improvisation tout en respectant le texte. Mon plus beau souvenir avec lui. Il fut un merveilleux compagnon de vie jusqu'à ce qu'il montre des difficultés préoccupantes de rétention urinaire… Sa queue jadis en panache traînait maintenant au sol. Trois vétérinaires consultés ne purent diagnostiquer quoi que ce soit. Il a fallu que je le dépose à l'école vétérinaire de Marcy l'Étoile, et l'y abandonne pendant une semaine avec une infinie tristesse. Et là, on a su : une tumeur maligne s'était implantée dans la colonne vertébrale au niveau de l'arrière-train, qui bloquait les mécanismes de commandement nerveux pour l'évacuation des excréments.

Je l'ai retrouvé, toujours aussi adorable, mais avec une horrible tonsure dans le dos où les radios avaient été faites, qui complétait la queue basse dans le triste tableau. La solution était de le placer dans une clinique pour chiens à Paris, pour un traitement par radiothérapie qui prendrait six mois et coûterait une fortune… Inenvisageable. Sachant que le moral est capital pour la guérison, comment imaginer qu'il puisse se rétablir loin de nous ? L'autre solution : un nombre considérable de gélules au quotidien (200 euros le flacon), complété par des séances d'aspiration par le conduit urinaire avec une seringue.

N'importe quel humain normalement constitué aurait jeté l'éponge. Je n'ai pas pu. Ce qui a ouvert un autre débat avec l'entourage des amis, pour qui l'euthanasie était facile à acter. Et les rumeurs selon lesquelles je n'en avais pas le courage, laissant endurer à l'animal des souffrances pour mon propre confort moral.

Non, je n'ai pas pu, et seuls les maîtres de chiens dans mon genre (ils sont légion) peuvent me comprendre. Le chien ne souffrait pas selon les critères admis : un animal qui ne se nourrit pas, qui a l'air abattu, se replie sur lui et renonce. Il était tout le contraire : joyeux, prêt pour la balade et sans gêne pour courir, d'un appétit égal. Alors quoi ? Non, Toby, je ne te ferai pas piquer tant qu'une once de joie parcourra ce corps. Et il n'y aura aucun confort égoïste chez moi, qui devrai me taper toutes les corvées, l'urine répandue à droite à gauche, les petites crottes en boules dures qui finissent par sortir, ou parfois d'épouvantables diarrhées au réveil qui font fuir les invités. (On comprend au passage mon attention aux défécations réussies du chien suivant, qui occupent une bonne partie de ce récit.)

Qu'espérais-je ? Rien de précis. Peut-être la guérison, contre toute logique. Mais la décision de tuer cet animal, non. Chaque jour supplémentaire, chaque bonheur de ce chien était une petite victoire sur la mort. Secrètement, peut-être attendais-je l'été, un dernier séjour au paradis de la maison d'Ardèche, sa terre natale, gambader encore dans les forêts, ivre d'odeurs… Le temps que se fasse le terrible travail de deuil, encore lui, cette fois un degré supplémentaire dans la cruauté : apprendre à accepter que cette bête aimante et rieuse doive disparaître à l'âge de cinq ans, malgré toute sa vigueur et son amour pour la vie. Un dilemme sans solution pour le malheureux maître que j'étais. Je jure que si j'avais lu dans ses yeux la moindre souffrance, ou constaté les symptômes déjà évoqués qui font consensus, je n'aurais pas hésité à les lui épargner, quelle que fût ma propre douleur. Avec lui, j'ai encore vécu tout ce qui était possible, du bonheur de la complicité à l'infinie tristesse de la savoir sans issue. Si l'enjeu était de me faire vivre ce large spectre d'émotions, qu'un processus ancien aurait peut-être bloqué quelque part dans les profondeurs de mon histoire personnelle, alors une fois de plus, c'était réussi.

Et puis, mon Grand Maître initiateur Toby a jugé bon de partir. C'était mon seul critère : qu'il me fasse comprendre que le moment était venu. La décision viendrait de lui. Il a fini par rester des moments plus importants couché sur le flanc, à respirer par halètements rapides… Le message était clair. Le rendez-vous fut pris chez le vétérinaire pour le lendemain. Nuit horrible dont on se lève pour donner la mort. Il a bien mangé encore, au petit matin, ce qu'il y avait de meilleur, la dernière cigarette du condamné. On l'a fait monter sur la banquette arrière, exceptionnellement. Je l'ai tenu dans mes bras tout le voyage. J'ai cru lire une interrogation dans son regard, sur ce statut de passager humain à lui dévolu. Le vétérinaire, selon un nouveau protocole, acceptait la piqûre dans la voiture même, ce qui évitait un décor hostile et froid. Toby était dans nos bras. Anne lui a chanté une chanson jusqu'au bout. Et puis, on s'est pris dans les bras et on a pleuré.

Toby a été enterré à l'entrée de notre chemin en Ardèche, avec ses collègues du monde animal. La chienne Zazie, le chat Bowie, qui avait un œil vert et un autre bleu, et même un chevreuil, qui s'était un jour jeté sous nos roues. Il doit y avoir aussi un ou deux hérissons et une mésange, et plus tard le chat Phoebe. Une belle assemblée d'âmes pures qui continuent, je n'en doute pas, de veiller sur nous.

*

Quand j'étais enfant, ma tante m'avait raconté la mort de son chien. Il s'était fait renverser par une voiture. On était venu la chercher. Le chien gisait sur le bord du trottoir. Quand il l'a vue, me disait-elle encore les larmes aux yeux, il a remué la queue. Voilà bien de quoi sont capables nos animaux : de joie et d'amour jusqu'au dernier souffle.

Le feu follet

J'ai le souvenir d'un livre pour enfants de Paul-Jacques Bonzon, *Les Compagnons de la Croix-Rousse*. Le jeune héros venait vivre à Lyon avec sa famille et son chien Kafi. À peine arrivé, le chien disparaît mystérieusement. Quand, devenu adulte, je m'installai à mon tour à Lyon, je suis allé sur la colline de la Croix-Rousse, en pèlerinage, à la recherche du fantôme de Kafi, errant sur les pentes. Cette histoire avait été un traumatisme pour l'enfant que j'étais. Ne pas savoir où est le chien chéri, s'il est maltraité ou errant à la merci de tous les drames possibles, est intolérable. Le plus dur était de le savoir dehors la nuit. Ce sentiment d'effroi m'est revenu intact bien plus tard lors de ta disparition, mon Biloo.

Il me faut bien évoquer ici ton ultime fugue. Habituellement, ton absence hors de la maison d'Ardèche durait au maximum deux ou trois heures. Il était 17 heures ce jour-là quand je réalisai que je ne t'avais pas vu depuis… la fin de matinée ! Vive inquiétude, d'autant qu'il me fallait rentrer en voiture à Lyon – une obligation inévitable. Après avoir tourné et retourné autour de la propriété, j'ai dû me résoudre à partir seul, je n'avais pas le choix. J'ai laissé la porte de la grange ouverte et prévenu Odile, la voisine. Elle viendrait jeter un coup d'œil dans la soirée pour me rassurer et s'occuper de toi. On m'imagine sur l'autoroute du retour, tempête sous un crâne, avec ce coffre vide de chien. À la tombée du jour, Odile n'avait pas de nouvelles de toi : tu allais passer la nuit dehors, ailleurs, pour la première fois. Et moi si loin, impuissant. On imagine aussi la nuit que j'ai passée dans cette ville où tout était dépeuplé.

Le lendemain, dès que j'ai pu, j'ai fait le chemin inverse, en roulant comme un fou. Je suis arrivé sur zone le cœur battant, habité par l'espoir que tu m'y attendes sagement, assis sur tes fesses. Mais rien. Cette maison adorée m'a paru soudain hostile. J'ai repris ma tournée de la campagne environnante, passant et repassant par les chemins, même inconnus de toi. Chacun au village spéculant bon train : « C'est inquiétant parce que Biloo est le genre de chien qu'on enlève facilement, il vaut cher… » (Merci.) Ou : « S'il ne revient pas, c'est qu'il ne peut pas, bloqué dans un trou ou coincé dans un fil barbelé. » (Merci aussi, ça m'aide.) Deux jours passent encore à guetter le retour du chien prodigue. Toujours rien, chaque soir comme une défaite. Et te savoir dehors la nuit, je l'ai dit, est une torture.

À cette occasion je découvre un degré d'angoisse supérieur à celui de la mort d'un animal : sa disparition sans explication. Pour laquelle il n'y a aucun travail de deuil possible, l'espoir fou est toujours là, sans cesse remué dans la plaie. Ce qui m'inquiète le plus : tu as un collier avec mon numéro de téléphone. N'importe qui peut m'appeler aussitôt, tu es d'un abord facile. N'importe qui… sauf quelqu'un de malintentionné. Dois-je me résoudre à t'imaginer vivre chez ce quelqu'un, ou revendu à un tiers devenu ton nouveau maître ? Les vétérinaires pensent que c'est peu probable, car tu as une puce qui t'identifie et, à la moindre visite, elle est censée être contrôlée… Ça ne me rassure qu'à moitié. Le mystère, lui, reste entier.

Dans mon désarroi, il faut que je m'active, j'opte pour une autre tactique. Laissant un peu partout des photos de toi sous forme de tracts, je refais toutes les routes alentour et au-delà, je parle longuement avec les habitants. Tout le monde est solidaire. Le maire de Saint-André-en-Vivarais publie ta photo sur la page Facebook du village. Je sens un bel élan collectif, la petite population a fini par être au courant et se prend d'amitié pour le beau chien perdu.

De mon côté, j'invoque secrètement tous les esprits de la forêt qui ont vu gambader le feu follet couleur sable entre leurs troncs. Ils ne peuvent que t'avoir aimé. Ce sont mes derniers recours, mes amis les arbres. Je garantis que dans ces moments on ne redoute plus le ridicule. S'ouvre un espace inédit où tout est possible qui vienne à mon secours… Et pour les côtoyer chaque jour, les connaître presque tous, j'ai toujours eu foi dans la puissance invisible des arbres. Ce n'est pas une conversion opportuniste. Il y a entre la forêt et le monde animal un lien évident, je plonge dans cette vision syncrétique, les bras en croix et la bouche pleine de mousse.

Après quatre nuits, le désespoir fait son apparition. C'est pourtant là que se produit l'inexplicable. Anne, poussée dehors par je ne sais quelle intuition, ouvre la porte… Tu jaillis et lui fais une fête comme jamais. Elle me le crie, je n'y crois pas. Je descends à mon tour en pleurant (pardon de cette impudeur), tu m'attends en bas de l'escalier, et l'accueil que tu me fais est tout à fait hors norme pour le chien placide que tu es : tu trépignes littéralement de tes pattes avant sur la dernière marche, jusqu'à ce que je m'effondre au sol, et que tu grimpes sur moi, comme ce jour béni où je t'ai choisi chez ton éleveur. On s'embrasse au-delà du raisonnable, déluge de langues, de bouche et de museau. Le miracle du chien.

*

À cette affaire on peut trouver plusieurs explications. Celle vaguement mystique (délirante, diront certains) des esprits de la forêt – je suis allé les remercier du fond du cœur, qu'ils existent ou non ne change rien. On ne se trompe jamais à remercier. L'autre, plus rationnelle (mais n'excluant pas la première, après tout), est que tu as été séquestré dans une ferme où l'on a vu d'un bon œil cet animal perdu, offert à peu de frais. Et puis, le bruit fait autour de ta disparition dans le village, les affiches partout ont mis en danger les ravisseurs. Si l'on t'apercevait chez eux, toi, le chien de la photo, comment expliqueraient-ils ce qui devenait un vol pur et simple ? Ils t'ont relâché dans la nature et, formidable Biloo qui avais sillonné avec moi tous les chemins du coin, tu as retrouvé l'adresse de la maison-mère. Peu importe la vérité. J'avais toujours considéré ta présence à mes côtés comme un cadeau. Je devrais désormais la considérer pour ce qu'elle est vraiment : un miracle. J'ai dit « ultime fugue », car tu n'en as plus jamais refait. Et moi, j'ai acquis la conviction que le chien était, comme disent les chamans, mon « animal de pouvoir ». Celui qui peut me faire parcourir, même contre mon gré, tout l'arc des émotions humaines.

*

Mon Biloo, je te considère comme le dernier de cette lignée de chiens aéroportés venus illuminer mon trajet terrestre. Je vous suis tellement reconnaissant, à tous, de vous être relayés à mon chevet d'humain, celui de l'enfant incrédule de douze ans jusqu'à ce bonhomme errant dans la forêt, le visage barbouillé de mousse. N'en rougis pas, Biloo (tu en es d'ailleurs incapable, au contraire, tu en rirais si tu le pouvais), mais laisse-moi te redire que tu es le chien absolu, la synthèse, l'apothéose poilue. Désormais, je le vois bien, tu t'appliques à ce que je n'aie plus que le meilleur de toi à vivre.

Anne, qui est volontiers portée sur le lyrisme, m'avait dit quand nous t'avons accueilli : « Tu verras, c'est Toby qui l'a choisi pour toi. C'est lui qui continue son chemin avec toi, à travers Biloo. » Idée séduisante, mais trop belle pour moi, à l'époque encore renfrogné dans le deuil. La vérité, je la connais à présent et je peux la clamer, tant pis si elle me fait basculer aussi du côté emphatique. Personne ne pourra me démontrer qu'elle est fausse.

Voici ma conviction (roulement de tambours) : j'ai une histoire particulière avec les chiens (on l'a compris) et très ancienne (jusqu'où ? Je l'ignore). Et tous ces animaux qui m'ont accompagné depuis mes douze ans ont porté cette même âme, qui a juste transité pour rester à mes côtés, fidèle comme sont les chiens. Une âme sœur et parfois frère. C'est elle, compagne de vie, qui s'est dévouée à ma cause, sans jamais renoncer, à travers Tommy, Mickey, Zazie, Toby et maintenant toi, Biloo. Tous ces yeux ronds, toutes ces queues remuantes et ces oreilles dressées m'ont sauvé la vie.

Au début, je m'interdisais presque les démonstrations d'affection. Sans doute ne m'autorisais-je pas à être heureux avec toi. Le deuil de Toby était encore vif. T'aimer trop revenait à te mettre en danger. Voilà ce qui se passe parfois dans l'esprit tortueux des humains. Mais vite, la clarté de ton esprit a tout balayé. On s'est pris dans les bras, enfin dans les pattes, je ne sais plus. Bien sûr, il y a chez toi quantité de petites différences avec tes prédécesseurs, et tant mieux. Mais quand je te regarde droit dans les yeux, je vois Toby, puis je l'oublie, c'est lui, c'est toi, c'est pareil, je vous aime tous. La filiation entre vous, les deux derniers, est la plus criante. Toby n'était pas un golden, mais un simili que je revois en photos. Chaque fois, c'est un coup au cœur. Vous êtes deux frères, lui plus fin, toi plus poilu. Mais il y a cette même étincelle, qui dit : « C'est moi ! » On ne pouvait mieux confirmer cette théorie peut-être fumeuse de l'âme voyageuse.

Toujours est-il que ma tristesse s'est envolée. Et quand je te vois, quintessence de tous les autres, je ne redoute plus de devoir un jour te remplacer. Puisque ce sera quand même toi. J'ai maintenant la certitude que l'âme animale, ma compagne de route, poursuivra par toi son voyage à mes côtés quoiqu'il arrive. Je te prends aux épaules, mon Biloo, et à travers tes yeux comme des billes qui me fixent, je la salue.

Remerciements

L'auteur tient à remercier Véro Degoul pour son indispensable relecture, Joël Bouvier pour son gardiennage amoureux, Lydie Loustal pour son éclairage sur la médiation animale, l'agence Auvergne-Rhône-Alpes Livre et lecture qui a fait de Biloo sa mascotte, et tous les contrôleurs SNCF qui ont fait semblant de ne pas voir le chien sous la banquette.

Biloo tient à remercier Syra, Tao, Austral, Romy, Rio, Salsa, Snoop, Saturne, Jean, Aya, Sunny, Styles, Voyou et Snow. Cœur sur vous, les potos.

© Patrick Dambert

Tables des matières

Dans la même collection

Petit éloge de la gentillesse, Emmanuel Jaffelin
Petit éloge du charme, Harold Cobert
Petit éloge des saisons, Pierre Pelot
Petit éloge du catholicisme français, Jean-François Bouthors
Petit éloge de David Bowie, Daniel Salvatore Schiffer
Petit éloge de l'enfant, Pierre Lassus
Petit éloge de la course cycliste, Jean Cléder
Petit éloge des gares, Pierre Lassus
Petit éloge du surf, Joël de Rosnay
Petit éloge de Tintin, Jacques Langlois
Petit éloge de la gourmandise, Nicolas d'Estienne d'Orves
Petit éloge de la gratitude, Olympia Alberti
Petit éloge du baiser, Jérôme Attal,
Petit éloge du running, Cécile Coulon
Petit éloge de la jouissance féminine, Adeline Fleury
Petit éloge de la chanson française, Didier Tronchet
Petit éloge des anti-héroïnes de séries, Anaïs Bordages et Marie Telling
Petit éloge de la médiocrité, Guillaume Meurice
Petit éloge du transat, Vanessa Postec
Petit éloge du rugby, Ludovic Ninet
Petit éloge des chats, Jérôme Attal
Petit éloge des cafés, Léa Wiazemsky
Petit éloge du vin, Gabrielle Vizzavona
Petit éloge de la procrastination, Emmanuel Villin

Pour limiter l'empreinte environnementale de leurs livres, Les Pérégrines font le choix de papiers issus de forêts gérées durablement et de sources contrôlées.
Imprimé en France par Corlet en septembre 2024 sur du papier Holmen Book Extra pour l'intérieur et Rives Tradition blanc naturel pour la couverture.

IMPRIM'VERT®

Dépôt légal : novembre 2024
ISBN : 979-10-252-0654-6
N° d'impression : 24090347